AF369395

TRAITÉ

HISTORIQUE ET MORAL

DU

BLASON,

OUVRAGE REMPLI DE recherches curieuses & instructives, sur l'origine & les progrès de cet Art.

Par J. B. *DUPUY DEMPORTES.*

TOME PREMIER.

A PARIS,

Chez C. A. JOMBERT, Imprimeur Libraire du Roi en son Artillerie, rue Dauphine, à l'Image Notre-Dame.

M. DCC. LIV.

AVEC APPROBATION ET PRIVILEGE.

PREFACE.

DEPUIS qu'à la honte des hommes, on a été obligé d'inventer des récompenses pour leur faire aimer la vertu, & des punitions pour leur inspirer l'horreur du crime, le Blason n'a jamais été si négligé qu'il l'est aujourd'hui : cependant la connoissance de cet Art ne fut jamais si nécessaire, ne fut-ce que pour mettre au grand jour les vols que le crime glorieux de ses succès ose faire à la vertu. Que d'opulences sorties du néant, & soutenues de menées sourdes & criminelles, arborent effrontément l'écu, ou du moins les pièces des Maisons, dont les ancêtres n'ont obtenu cette distinction glorieuse qu'à force d'accumuler, pour ainsi dire, des actions éclatantes ! Tel dont le pere eſt encore enſeveli dans la pouſſiere , prend des armes dont les émaux & les pièces le feroient regarder comme le deſcendant de quelque Monarque , ſi des perſonnes offenſées de ſon inſolence & de ſon ingratitude , n'avoient la charitable méchanceté de dire que c'eſt un papillon, qui tout glorieux de ſes nouvelles aîles , oublie qu'il a été ver.

Mais cette négligence du Blaſon , qui eſt comme accréditée , ne viendroit-elle point du peu d'attention qu'ont porté les Auteurs qui en ont traité , à en développer l'origine ? oui , ſans doute ; on peut obſerver, comme nous l'avons fait, que tous les Auteurs héraldiques n'ont diſcuté cette matiere que très-ſuperficiellement. Ceux d'entr'eux qui ſemblent , à l'entrée de leur ouvrage , vouloir donner un certain jour intéreſſant à ce cahos auſſi ſec que ténébreux , ne font

qu'y répandre une lumiere obfcu-
re : victimes d'une précifion dé-
placée , ils ont fait naître en nous
le defir de connoître ce qu'ils
nous rendent encore plus inintel-
ligible ; reproche qu'on pourroit
faire au Pere Ménétrier , s'il n'é-
toit de tous les Auteurs celui qui
a cependant donné le plus d'ordre
à une matiere qui n'en avoit point.

Les autres n'en ont parlé qu'in-
directement ; leurs obfervations
ne doivent être regardées que
comme des branches, qu'en chemin faifant ils ont féparées du
tronc : tels font MM. de *Sainte-
Marthe*, *William* , *Favin* , &
plufieurs autres.

TABLE
DES CHAPITRES

Contenus dans le premier Volume.

CHAP. I. *De l'origine de la Noblesse,* page 7

CHAP. II. *Ce que c'est que le Blason & son étimologie,* 10

CHAP. III. *Ce que renferme le Blason & son antiquité,* 11

CHAP. IV. *Du Blason ancien,* 14

CHAP. V. *Du Blason moderne, & des différentes sortes d'armes nouvelles,* 26

CHAP. VI. *Des couleurs,* 40

CHAP. VII. *Des métaux,* 57

CHAP. VIII. *Des fourrures,* 63

CHAP. IX. *De l'écu en général,* 70

CHAP. X. *Des places honorables de l'écu,* 78

CHAP. XI. *Des portions de l'écu,* 80

CHAP. XII. *Des armes pures & simples, pleines & chargées,* 83

CHAP. XIII. *Des armes déchargées, brisées, rompues & notées d'infamie,* 87

CHAP. XIV. *Des ornemens de l'écu,* 98

CHAP. XV. *Des Couronnes,* 103

CHAP. XVI. *Des accompagnemens de la Couronne,* 132

CHAP. XVII. *Des bourlets,* 137

CHAP. XVIII. *Des lambrequins,* 138

CHAP. XIX. *Des volets,* 139

CHAP. XX. *Des vols,* ibid.

CHAP. XXI. *Des ornemens qui sont à côté de l'écu,* 140

CHAP. XXII. *Des ornemens que l'on met autour & au bas de l'écu,* 145

CHAP. XXIII. *Des manteaux & pavillons,* 157

CHAP. XXIV. *De la devise & de l'emblême,* 163

CHAP. XXV. *Du cri de guerre,* 175

CHAP. XXVI. *De l'écu pendant, & de la maniere ancienne d'enterrer les Chevaliers,* 178

CHAP. XXVII. *Des portions particulieres de l'écu,* 192

CHAP. XXVIII. *Des piéces honorables de l'écu,* 200

CHAP. XXIX. *Du pal,* 209

CHAP. XXX. *De la fasce,* 210

CHAP. XXXI. *De la bande,* 213

CHAP. XXXII. *De la barre,* 214

CHAP. XXXIII. *De la croix,* 216

CHAP. XXXIV. *Du chevron,* 220

viij

CHAP. XXXV. *Du sautoir,* 221
CHAP. XXXVI. *De la bordure & de l'orle,* 222
CHAP. XXXVII. *De la pointe,* 223
CHAP. XXXVIII. *De l'écu en abysme,* 224
CHAP. XXXIX. *De l'écu sur le tout,* ibid.
CHAP. XL. *Du franc-quartier,* ibid.
CHAP. XLI. *De la pairle,* 225
CHAP. XLII. *Des figures hiérogliphiques & des médailles des Anciens,* 225
CHAP. XLIII. *Explication de tous les termes du Blason, en forme de Dictionnaire, fondée sur des exemples,* 256

Fin de la Table.

A MONSEIGNEUR
LE DUC
DE MONTMORENCI.

Monseigneur,

Souffrez que je présente à VOTRE GRANDEUR des recherches que j'ai tâché de rassembler avec ordre sous un même point de vûe. Ce Traité historique & moral du Blason ne peut paroître sous des auspices plus favorables : le *Public* me verra avec plaisir payer un si juste tribut à la mémoire de tant d'illustres ancêtres dont vous avez le bonheur de descendre. *Grands* dans la guerre, ils nous présentent dans chaque page de l'histoire quelque trait glorieux : plus grands encore dans la *Religion*, ils ont les premiers, en embrassant le *Christianisme*, donné l'exemple à la *Noblesse* de se ranger sous ses étendarts ; aussi ont-ils joui les premiers de ces marques distinctives qui ont donné naissance au *Blason*. Mais, MONSEIGNEUR, si pour se faire un grand nom il faut bien des vertus, il en faut encore davantage pour le soutenir. Pénétré de cette vérité *constante, & animé par l'exemple d'un pere qui sçait si bien unir les vertus du héros à l'aimable affabilité du citoyen, vous ajoûterez à la gloire de vos ancêtres, puisqu'on vous a déja vu commencer, pour ainsi dire, par où ils ont fini. Que ne peut donc point attendre de vous l'Etat ? & que ne dois-je point espérer pour le sort de cet Ouvrage, en le mettant au jour sous votre protection ? Je suis avec un très-profond respect,*

MONSEIGNEUR,

Votre très-humble & très-obéissant serviteur,
DUPUY DEMPORTES.

TRAITÉ

HISTORIQUE ET MORAL

DU BLASON.

INTRODUCTION.

Uoique le Blason soit la véritable marque dont on se sert pour distinguer les Heros, la récompense des grandes actions & le caractère distinctif de la Noblesse ; il étoit cependant inconnu aux Anciens. Autrefois la véritable Noblesse ne reconnoissoit point les émaux ni les pièces, mais seulement la vertu, qui étoit & qui devroit être encore sa propre récompense : comme elle illustre toujours celui qui la possede , même dans l'état le plus vil & le plus humiliant, l'homme vertueux étoit dans l'antiquité parmi les autres hommes, ce que l'or est entre les métaux , & ce qu'est le diamant entre les pierres précieuses.

La noblesse des Anciens portoit sur un fondement plus solide que la nôtre : elle ne devoit point son éclat à la naissance , elle n'en étoit redevable qu'à son propre mérite. N'est-il pas en effet bien plus glorieux d'arriver à ce point de distinction par sa propre vertu , que par sa naissance ? l'homme sage ne mesure les hommes & ne les distingue que par leur vie ; leur extraction est pour lui le dernier objet sur lequel il porte ses regards.

L'homme, qui à la honte de dégénérer, joint le sot orgueil de vanter sa naissance , ne ressemble-t-il pas à un ruisseau bourbeux , qui s'enorgueillit de la pureté de sa source ? Il est vrai, comme dit Horace, que l'aigle n'engendre point des colombes ; mais il ne l'est pas moins que des peres vertueux donnent le jour à des enfans dont on pourroit compter les défauts & les vices, par les qualités & les vertus de leurs ancêtres.

Que deviendroit aujourd'hui cette foule, je dis même cette bande de nobles, qu'une oisiveté fertile en vices rend méprisables, si guidés par le même esprit de sagesse qui régnoit parmi les Anciens, les hommes ne respectoient comme tels que ceux que la vertu & des actions éclatantes rendent dignes d'un tel hommage ? En effet, il est bien plus glorieux à l'homme d'avoir un tombeau magnifique qu'un riche berceau : on juge de la vie des hommes par la façon dont elle est terminée ; il n'est pas douteux que ce principe généralement reçu, n'ait donné lieu à ce proverbe, *telle vie, telle mort*. Nous voyons *Cicéron* se moquer agréablement de *Pison*, homme si entêté de sa naissance, lorsqu'il lui dit, qu'il aime mieux être le premier de sa race que d'en être le dernier.

L'Auteur *de Rome sauvée* a saisi cette beauté, & ne l'a point rendue avec moins de force, lorsque Ciceron dit à *Catilina*.

Ma gloire, & je la dois à ces vertus sé-
vères,
Est de ne rien tenir des grandeurs de mes
peres ;
Mon nom commence en moi, de votre
honneur jaloux,

Tremblez que votre nom ne finiſſe dans vous.

Combien un pigmée n'a-t-il point à rougir d'être ſorti d'un géant ? une fauſſe pierre en eſt-elle moins fauſſe pour être montée ſur l'or ? que de Nobles ſe trouvent accablés des vertus de leurs ancêtres & chargés de leur naiſſance, qui les couvre plus de confuſion qu'elle ne leur attire d'eſtime & ne leur acquiert de gloire !

Dieu ſeul eſt immuable ; tout ce qui exiſte au contraire ſur la terre ſuit l'impreſſion de l'atmoſphere qui nous environne ; de là les viciſſitudes ſi fréquentes. La Nobleſſe héréditaire eſt aujourd'hui préférée à celle qui tire ſon origine de la vertu, & celle qui reſſemble plus à la ſource du Nil, inconnue autrefois, eſt aujourd'hui la plus eſtimée.

On peut regarder les différentes phaſes de la lune comme l'emblême des différentes Nobleſſes que nous avons. La nouvelle lune repréſente un homme annobli ; le croiſſant un Gentilhomme, la pleine lune, un noble d'extraction. Je me repréſente dans cet aſtre, lorſqu'il eſt dans ſon decours, un Noble dont quelque action indigne de ſon rang, le fait rentrer dans la foule des Roturiers. Lorſque cet aſtre ſe renouvelle & paſſe à ſon croiſſant, il me ſemble voir un homme extraordinaire, dont le mérite & les hautes actions relevent la famille dégradée, & lui redonnent ſa premiere ſplendeur.

Il eſt certain que le ſang communique la valeur & la vertu, & que l'une & l'autre peuvent être héréditaires : on remarque dans les Nobles une grandeur d'ame, une fermeté, qu'on ne voit point dans les gens du vulgaire. Les Mémoires des familles & des maiſons, dans leſquels on conſerve avec ſoin les actions des ancêtres, ſont autant de tableaux dont le langage muet eſt aſſez expreſſif pour exciter les enfans à perpétuer cette grande réputation, à ſoutenir le mérite & la vertu qui l'ont acquiſe, & même à la perpétuer par des actions qui y répondent. Ces regiſtres font ſur l'eſprit le même effet que produiſoient autrefois à Athenes les éloges que prodiguoient les maîtres des enfans aux Heros de l'antiquité. Ces guides éclairés menoient leurs élèves en une place publique, où l'on voyoit les statues des Héros ornées de plusieurs inscriptions, bas-reliefs & trophées. Après qu'on leur avoit fait le détail des actions éclatantes qui leur avoient attiré des distinctions si glorieuses, on ne cessoit de leur répéter, *eritis sicut isti, si fueritis sicut illi* : un jour on vous dressera comme à ces Héros des statues ; on instruira la jeunesse de vos grandes actions ; vous lui servirez d'exemple & de modèle, pourvu qu'à l'exemple de ces grands hommes, votre conduite soit digne de la République d'Athenes.

De même, lorsque les chartes instruisent la Noblesse des actions de leurs ancêtres, une noble ardeur jointe à la pureté du sang qui coule dans ses veines, la porte à des actions encore plus éclatantes. Aussi plusieurs ont-ils assuré que la Noblesse est une faculté naturelle, qui réside en la semence de nos peres, & qui produit des enfans dociles & enclins à la vertu. *Homere* parlant de *Telemaque*, dit que sa vertu étoit distillée de son pere *Ulysse*.

CHAPITRE PREMIER.

De l'origine de la Nobleſſe.

LA Nobleſſe héréditaire doit ſon origine à la vertu & aux actions héroïques : on peut l'acquérir de différentes manières ; par la valeur, par les ſciences, par l'opulence & par les coutumes de quelques pays.

La première Nobleſſe eſt la militaire : on la doit aux peines, aux travaux & au péril. Ciceron a beau dire, *cedant arma togæ*, il nous permettra d'en appeller à un tribunal moins partial que le ſien. Le pas eſt dû à ceux qui aux dépens de leurs biens & de leur vie étendent les limites de l'Etat & le défendent, ſur ceux, qui paiſibles dans leur foyers, n'ont d'autre trouble, d'autre allarme, d'autres travaux à eſſuyer que d'aller dans un palais bien à couvert des intempéries de l'air, prononcer des arrêts, qui ne roulent que ſur l'intérêt de quelques particuliers.

La ſeconde Nobleſſe eſt celle que l'on acquiert par les ſciences : on la donne à ceux qui ſe rendent recom-

mandables dans l'administration de la
justice, ou qui rendent quelque service
signalé à la patrie. Aristote conseilloit à
Alexandre son disciple d'ennoblir ceux
qui excelloient dans quelque art ou
dans quelque science.

On remarque même que les Anciens
ont placé parmi les Dieux les inventeurs
des choses utiles à la vie.

On peut mettre dans la même classe
la Noblesse Ecclésiastique ; elle est fondée sur le mérite, la science, la probité
& la piété. Les riches Commerçans en
gros, & qui sacrifient leurs biens à l'u-
tilité de l'Etat, participent & doivent
en effet participer à la Noblesse.

On peut être annobli par des privilè-
ges & des coutumes de ville, comme les
Echevins à Paris ; les Maires à Bour-
deaux, les Capitouls à Toulouse. Il est
aussi des Charges qui annoblissent ceux
qui en sont revêtus, comme la Charge
de Secrétaire du Roi.

Quelques-uns établissent trois sortes
de Noblesse : la divine, qui regarde
l'origine de l'ame, elle vient du ciel ; la
mondaine regarde le sang, c'est la généalogie d'une longue suite d'ancêtres ; la
morale regarde uniquement la vertu,

elle nous eſt néceſſaire pour acquérir
l'eſtime des hommes. La divine nous
vient immédiatement de Dieu ; la mondaine dépend du bonheur de notre naiſſance, & la morale de la liberté de notre
eſprit. Si l'on conſidere attentivement
la nobleſſe de l'ame, on fait peu de cas
de la nobleſſe du ſang, & l'on n'eſt oc-
cupé que du ſoin d'acquérir la nobleſſe
morale.

Comme la Nobleſſe eſt la plus haute
récompenſe que l'on puiſſe donner à la
vertu, elle doit néceſſairement tenir
le premier rang dans tout Etat bien
policé.

Ceux qui n'ont pas le bonheur de la
poſſéder, doivent donc faire tous leurs
efforts pour l'acquérir ; & que ne doivent point faire ceux qui en ſont revêtus ? Combien ne ſont-ils point redeva-
bles envers la Providence qui les a fait
naître dans cet état diſtingué ? Perdre
de vûe ce principe de toutes les actions,
s'en écarter par des lâchetés & des baſ-
ſeſſes, n'eſt-ce pas l'ingratitude la plus
odieuſe ?

CHAPITRE II.

Ce que c'est que *Blason*, & son étimologie.

BLASON dérive d'un vieux terme de notre langue, *blasonner*, qui signifie louer. D'autres croyent trouver l'étimologie de ce mot dans *blazen*, terme Allemand, qui signifie amplifier ou réciter l'éloge. Comme la Langue Françoise a beaucoup d'affinité à l'Allemande, il n'est point étonnant qu'il y ait un rapport si marqué entre ces deux mots *blazon* & *blazen*; l'un & l'autre expriment énergiquement l'ancienne coutume des François & des Allemands, qui descendent de la même tige. Lorsqu'on vouloit chez ces deux Nations récompenser la valeur de quelqu'un, non-seulement on en faisoit l'éloge, mais encore on parloit de ses armes; on expliquoit les piéces de son Ecu : l'on faisoit ensuite remarquer, que quoique ces piéces fussent honorables, il les honoroit encore en les portant.

Le terme blasonner semble avoir perdu son ancienne signification dans notre

langue ; car lorſqu'on dit préſentement
un tel homme m'a blaſonné , c'eſt comme ſi l'on diſoit un tel homme s'eſt
moqué de moi. Il en eſt du mot blaſon-
ner comme du mot tyran ; celui ci
ſignifioit autrefois une perſonne que ſon
mérite élevoit au deſſus des autres pour
les commander & gouverner ; mais la
mauvaiſe adminiſtration de certains
Princes a rendu ce mot exécrable aux
peuples.

Enfin le mot *Blaſon* a été réſervé &
conſacré à la ſignification de la ſcience
des armes ou armoiries des maiſons nobles ; de ſorte que le Blaſon n'eſt autre
choſe que l'art d'expliquer les piéces
qui compoſent les armes ou écus.

CHAPITRE III.

Ce que renferme le Blaſon , & ſon antiquité.

LA ſcience du Blaſon a trois objets ;
la connoiſſance des pièces, la maniere de les arranger, & la ſuite des
familles ou les généalogies. L'inſuffi-
ſance des différens ouvrages qui ont pa-

ru fur cette matière, ne prouve que trop
que ceux qui croyent la fcience du Blafon facile à acquérir , font dans une erreur bien groffière.

On appelle le Blafon fcience héroïque ou héraldique, c'eft-à-dire la fcience des grands hommes , des Héros ; elle
n'a en effet d'autre but que les actions
héroïques. On l'appelle auffi fcience des
armes ou armoiries , parce qu'anciennement on gravoit le Blafon fur les armes , écus ou boucliers ; & c'eft de là
que viennent les mots d'écu , d'écuffon
& d'Ecuyers , titre réfervé aux feuls
Nobles.

On ne hazarde rien en avançant que
le Blafon eft auffi ancien que le déluge ,
peut-être même autant que le monde ,
fi l'on le confidere en tant qu'il renferme
les figures hiérogliphiques, les devifes,
les caractères & les médailles ; mais il
eft très-difficile de fixer le temps auquel
on a commencé à blafonner fuivant certaines règles. Les armes du Pape Paf-
chal , de l'an 1100, qui font de gueules
à deux chevrons d'argent , font les plus
anciennes fuivant la forme dont on blafonne aujourd'hui : on ne trouve rien
de certain avant cette époque. Le choix

des figures hiérogliphiques, des chiffres, des caractères, que les Anciens faisoient graver ou peindre sur leurs boucliers & sur leurs armes, étoit autant l'effet du hazard que du caprice : on n'a commencé à donner des règles du Blason que sous la troisième race de nos Rois dans le temps des fameuses Croisades, expéditions où les François acquirent tant de gloire.

De tout ce qui vient d'être dit, on peut conclure que le Blason moderne n'est qu'une suite de l'ancien, mais réduit à certaines règles & à certains principes.

Les figures hiérogliphiques, les chiffres & les caractères entroient dans la composition du Blason ancien ; il est donc nécessaire d'expliquer ces différentes figures pour en faciliter l'intelligence, & pour faire comprendre en quoi le Blason ancien différoit du moderne ; c'est pourquoi le chapitre suivant est destiné à l'explication de l'ancien Blason.

CHAPITRE IV.
Du Blason ancien.

PE u de temps après la confusion des langues, l'ambition s'empara du cœur des hommes ; ils s'assemblerent sous la conduite d'un chef pour attaquer & subjuguer ceux qui refusoient de se soumettre. Ils prirent en même témps & peignirent sur leurs enseignes certaines figures hiérogliphiques, pour montrer la qualité & le courage de leur chef & de leur Nation ; ce qui servoit encore à les distinguer & à se reconnoître dans la mêlée. L'histoire sainte & prophane nous apprend que les grands personnages portoient quelque figure, ou prenoient quelque signe pour se distinguer des autres.

Nous voyons dans l'histoire sainte que *Jacob* donna leurs armoiries particulières à chacun de ses douze fils, desquels sont descendues les douze Tribus d'Israël, & qu'elles ont passé à leur postérité ; elles étoient autant de figures mystiques du bien & du mal qui devoit arriver à chaque Tribu.

Le lion qu'il donna à *Judas*, étoit d'or
en champ verd, ou de finople : cette
couleur étoit repréfentée par l'émeraude que le fouverain Pontife portoit fur
fon pectoral. Par cette emblême *Jacob*
annonçoit à *Juda* qu'il regneroit fur fes
freres, que fa main feroit fur leur col,
que le fceptre ne fortiroit jamais de
fa Tribu, & que d'elle naîtroit le Ré-
dempteur du monde, figuré par le lion.

Il donna à *Iffachar* une âne maigre &
couché, ce qui lui annonçoit qu'il feroit tributaire & afferyi à fes freres.

Dan eut un ferpent, mordant les pâ-
turons d'un cheval, qui étoit l'emblême
de la prudence & de l'adreffe de cette
Tribu contre fes ennemis.

Nephtali, une biche lâchée, qui fem-
bloit fe plaindre, emblême de la douceur.

Jofeph, un rameau touffu, croiffant
près d'une fontaine, & s'étendant fur
une muraille, ce qui fignifioit qu'un
peuple nombreux fortiroit de lui.

Benjamin, un loup qui déchire tout ce
qui s'oppofe à fa fureur.

Ephraïm portoit d'or, à un bœuf de
gueules, le métal repréfentant la chry-
folite

Quelques auteurs prétendent que *Ruben* portoit un homme au naturel, tenant une pique, pour montrer qu'il étoit l'aîné & chef d'une Nation. Le champ étoit de gueules, ce qui représentoit la *sardoine*, qui étoit sur le pectoral du souverain Pontife.

Ils disent aussi que *Josué* fit peindre sur ses étendards le soleil & la lune, pour marquer cette heureuse journée, dans laquelle le cours de ces deux astres fut interrompu en sa faveur. *Bara* qui a dessiné les Blasons anciens, donne à *Josué*, d'or, à une tête de lion de gueules, arrachée, lampassée & armée d'argent. Il dit avoir tiré cet écu de mémoires anciens qui se trouvent dans les plus fameuses bibliotéques d'Allemagne.

Samson que quelques-uns disent être l'Hercule de la fable, portoit un lion, en mémoire de ce qu'il avoit égorgé un lion qu'il rencontra un jour sur son chemin.

David portoit d'azur, à une harpe d'or cordée d'argent, la bordure de même, diaprée de gueules ; la diaprure remplie d'un mot hébraïque.

L'histoire profane nous fournit aussi

plusieurs exemples de Blason hiérogliphique.

Nemrod, que l'on croit communément le fondateur du premier Empire
des Assiriens, portoit pour armes un bélier, *& Sémiramis* une colombe ; c'est
pourquoi le Prophète *Jeremie* dit au
chapitre 25, en menaçant les Hebreux
de l'invasion de *Nabuchodonosor*, leur
successeur à l'Empire de *Babylone* : *de-*
relinquit quasi leo umbraculum suum, quia
facta est terra eorum in desolationem à fa-
cie iræ columbæ, & à facie iræ furoris
ejus. Quelquefois la même *Sémiramis*
portoit un léopard, parce qu'elle avoit
combattu & tué un animal de cette espèce.

Osiris, surnommé *Janus*, que quelques-uns ont dit être fils de *Cham*, &
par conséquent petit-fils de *Noë*, portoit un sceptre surmonté d'un œil ouvert ; & le grand *Osiris* un lion couronné, portant une hache d'armes.

Anubis portoit un chien passant ; *Ma-*
cédon son frere, un loup ravissant, &
Cadmus un dragon.

Bara, Auteur déja cité, donne à
Jason, Chef des Argonautes, la toison
d'or mise en pal, accornée d'azur.

A *Tiphis*, de pourpre à un griphon d'argent, membré, becqué de gueules, tenant dans sa griffe droite la toison d'or.

A *Castor*, d'azur à une étoile d'argent.

A *Pollux*, de gueules à une étoile d'argent.

A *Hercule*, de pourpre à l'hydre d'argent, ombrée de sinople, armée de gueules.

A *Telamon*, de pourpre à un lierre d'or.

A *Théfée*, de gueules au minotaure d'or, tenant sur son épaule droite une massue de pourpre.

Le même *Bara* donne à *Priam*, de gueules au lierre d'or, & à *Anchises*, d'or au demi-sol de pourpre.

A *Anthenor*, d'azur à un lion ayant la tête d'un homme, d'argent, couverte d'un chapeau de gueules, tenant une houlette d'or avec ses deux pattes.

A *Diomède*, Roi *d'Etolie*, d'argent à un paon rouant d'azur, œillé d'or, accompagné de trois molettes de gueules.

A *Hector*, d'or à un lion de gueules, assis sur une chaire de pourpre, tenant avec ses pattes une hallebarde d'argent, le manche d'azur, ledit lion armé & lampassé d'argent.

A *Alexandre le Grand*, d'or à un lion

de gueules, armé & lampassé d'azur.

Quelques-autres donnent à *Agamemnon* la tête d'un lion ou d'un léopard, *velut iconem terroris* ; son bouclier, où il étoit gravé ayant cette inscription en un vers grec : *voici l'effroi du monde*, Agamemnon *le porte*.

Adraste portoit des serpens entrelassés.

Alcibiade, un cupidon qui embrassoit la foudre de Jupiter.

Ulysse, un dauphin.

Amphiarus, un écu de pur argent, comme n'ayant fait encore rien de remarquable ; *parmaque inglorius alba*.

Pâris, d'argent au chef d'or, parce qu'il étoit blanc & qu'il avoit la chevelure blonde.

Antiochus, un lion tenant un caducée.

Archimede, une sphere céleste.

Seleucus, un taureau.

Lucius Papirius Cursor, un cheval Pégase.

Epaminondas, un dragon.

Toutes ces armes étoient personnelles & ne passoient point aux enfans, puisqu'elles n'étoient point héréditaires.

Les Etats, les Empires, les Royaumes & les Républiques anciennes avoient aussi leur Blason. Les *Arcades* qui se disoient aussi anciens que la lune, la portoient dans leurs armes. Quelquefois aussi ils portoient la figure du Dieu *Pan*, emblême de l'antiquité, pour marquer qu'ils étoient les plus anciens peuples du monde.

Les *Argiens* prenoient un A, lettre capitale de leur nom ; & les *Arméniens*, un bélier ou un lion couronné.

Les peuples de l'Asie mineure, une baleine avec un petit enfant dessus comme à cheval, qui la conduisoit.

Les *Athéniens*, une chouette, parce qu'elle étoit dédiée à Pallas.

Les *Babyloniens*, une colombe.

Les *Cappadociens*, une balance.

Les *Corynthiens*, un Neptune.

Le peuple de la *Lybie*, trois lièvres.

Les *Locrains*, une cigale.

Les *Lacédémoniens*, un R, lettre mystérieuse de *Pythagore*, ou un dragon.

Les *Messeniens*, une M.

Les *Macédoniens*, la massue d'Hercule entre deux couronnes.

Les *Medes*, trois couronnes.

Les *Parthes*, un cimeterre tenu par un bras droit aîlé.

Les *Hircaniens*, au rapport de *Pierrius*, un lion.

Les habitans du *Peloponnèse*, un limaçon ou une tortue.

Les *Perses*, un aigle, suivant *Xenophon*, lib. 7. *Erat eis signum aurea aquila, in longa hasta suspensa ; & nunc etiam id insigne Persarum Regibus manet.*

Les *Phrygiens*, un pourceau.

Les *Scytes*, la foudre de Jupiter.

Les *Thessaliens*, un cheval.

Les *Cimbres*, un taureau : ils faisoient porter une statue de fonte de cet animal élevée sur une lance à la tête de leur armée ; la coutume étoit de jurer par cet animal. Plutarque rapporte dans dans la vie de *Marius*, que les *Cimbres* ayant été vaincus par *Catullus Luctatius*, ce taureau fut porté à sa maison, en signe de la victoire qu'il avoit remportée sur eux.

Les *Chaldéens* portoient de gueules au lion d'or.

Les *Medes*, d'azur, à un bélier sautant d'argent.

Les *Grecs*, de sinople au bouc d'argent.

Les *Romains*, de gueules à l'aigle d'or, comme un signe de leur domination sur toutes les autres nations.

Rien cependant de plus incertain que toutes ces armes; puisque l'on observe qu'il n'y a point eu de régle fixe pour l'explication des métaux & des couleurs jusqu'au temps des Croisades. On avoue néanmoins que l'usage des métaux & des couleurs dans les figures hiérogliphiques, est très-ancien : nous apprenons par l'histoire que cette coutume étoit établie du temps des premiers Empereurs Romains.

Toutes les armes dont nous venons de parler n'étoient point héréditaires, si l'on en excepte celles des Royaumes, Empires & Républiques, parce que les Etats ne meurent point; au lieu que celles dont les particuliers se rendoient dignes par des actions éclatantes, mouroient avec eux. Nous voyons en effet que les armes du Royaume de France se sont conservées jusqu'à nous, au lieu que celles des particuliers se sont perdues, ou du moins considérablement effacées.

Le Président *Fauchet* prétend que les armes des particuliers n'ont fait partie des successions en France que sous le regne de *Louis le Gros* : *Paul Jove* assure qu'elles n'ont été hérédi- taires en Italie que sous le regne de *Fré- deric Barberousse*.

On trouve cependant dans l'histoire Romaine quelques exceptions. La fa- mille de *Corvinus*, par exemple, por- toit des corbeaux ; celle de *Torquatus*, des colliers, & celle de *Cincinnatus*, des perruques. Mais ces exemples font en petit nombre ; au lieu que les ar- moiries modernes font devenues essen- tiellement héréditaires de pere en fils, puisqu'elles font la partie presque la plus honorable de la succession.

Quand on demande quel peuple a été le premier qui se soit servi d'armoi- ries, les uns répondent que c'est les *Israélites* que l'on doit croire auteurs de cet usage. Ils établissent leur opinion sur ce passage de l'Ecriture Sainte, tiré du livre des Nombres : *Singuli per turmas, signa atque vexilla, & domos cognatio- num suarum castra metabuntur filii Israël per girum tabernaculi fœderis* ; mais ce passage prouve tout au plus que les *Israélites* se servoient d'enseignes.

Selon *Hérodote*, les *Cariens* font les

premiers qui ont introduit l'ufage des
armoiries.

D'autres Auteurs donnent cette pri-
mauté aux *Affiriens*, parce que, difent-
ils, ils font les premiers fondateurs de
la monarchie : d'autres donnent l'honneur de cette invention aux *Piêtes*,
peuple de la grande Bretagne, ainfi
nommé parce qu'il portoit des armes
peintes. Quoiqu'il en foit les armoiries
font d'un établiffement très-ancien, &
l'ufage en a été très-connu à toutes
les Nations de la terre, qui d'un fentiment unanime ont pris certaines marques & enfeignes pour fe diftinguer.
Ceux qui ont découvert le nouveau
monde affurent qu'ils ont trouvé l'ufage
des armoiries établi par les Nations les
plus barbares, avec cette différence cependant, que les émaux & les figures
n'étoient point encore déterminés, &
que les armoiries étoient perfonnelles,
& feulement à vie ; au lieu qu'aujour-
d'hui nous en avons des règles fixes, &
qu'elles font héréditaires.

Les armoiries font préfentement des
caractères dont on fe fert pour diftinguer les maifons & les familles nobles,
de celles qui ne le font pas, de même
que

que les noms fervent à diftinguer les hommes. Elles font des fignes certains de grandeur & de fouveraineté ; c'eft pourquoi les Princes les font graver fur leurs monnoyes , peindre dans leurs enfeignes , étendards , bannieres , caparaçons des chevaux , carroffes , cachets , fceaux , & pofer fur les portes des villes & frontifpices de leurs palais , pour fe faire refpecter. Les armoiries font la récompenfe la plus glorieufe de la vertu , puifqu'en figurant les actions qui les ont méritées , elles immortalifent ceux qui les ont faites ; c'eft pourquoi elles font le plus précieux gage de la Nobleffe.

On fent par tout ce qui vient d'être dit combien il convient à un Gentilhomme de s'appliquer à la fcience héraldique , & combien au contraire il eft indécent de le voir l'ignorer. S'il étoit autrefois honteux pour un Romain patricien d'ignorer les loix par lefquelles il étoit gouverné , il ne l'eft pas moins pour un Gentilhomme d'ignorer la fignification des marques de nobleffe dont il jouit ; nobleffe qui eft la dignité par excellence , puifqu'elle eft le but auquel les hommes afpirent par leur vertu, par leur mérite & par leurs travaux.

CHAPITRE V.

Du Blason moderne, & des différentes sortes d'armes nouvelles.

IL y a plusieurs sortes d'armes : armes de succession, d'alliance, de communauté, de concession, de dévotion, de dignité, de domaine, d'inclination, de patronage, de prétention, de raillerie, de souvenir, armes à enquerir.

Les armes de succession sont celles que prennent les héritiers dans les familles. Il n'en fut jamais de si illustres que celles qu'*Alphonse Henriquès* I, Roi de Portugal, laissa à ses successeurs avec la couronne; il avoit vaincu en 1139 cinq Rois Maures à la bataille d'*Ourique*, il prit pour armes un pareil nombre d'écus qu'il mit en croix, chargés chacun de cinq besans, comme un témoignage immortel des cinq bannieres qu'il avoit enlevées, des cinq blessures qu'il avoit reçues, & des cinq victoires qu'il avoit remportées sur ces

infidéles ; armes que ſes ſucceſſeurs ont
religieuſement gardées , & que j'appelle de ſucceſſion auſſi-bien que celles
des branches éteintes , qu'on oblige ſou-
vent les héritiers de porter , avec le
nom de la famille ou de la maiſon ; ce
ſont des clauſes des teſtamens.

Les armes d'alliance ſont celles que
les familles prennent pour marquer les
alliances qui ſe font par les mariages.

Les armes de communauté ſent
celles que les Républiques , les Villes &
les Cours ſouveraines prennent : ajou-
tez celles des Egliſes , des Chapitres ,
des Ordres religieux & militaires , qui
ſont des corps particuliers.

Les armes de conceſſion ſont les armes des Royaumes & des Principautés
que le Souverain permet à un particulier d'ajouter à celles de ſa famille ,
pour récompenſe de quelque ſervice ſi-
gnalé ; telles ſont les armes de la Maiſon d'*Eſtain d'Auvergne*. Un Gentilhomme ne ſçauroit en porter de plus
illuſtres ; elles ſont d'azur à trois fleurs
de lys d'or , chef de même. Nous liſons
dans l'hiſtoire qu'un Chevalier de cette
Maiſon mérita par ſa généroſité de voir
ſon écu enrichi de ces trois fleurs , qui

font l’ornement de l’écu de France, pour
avoir remonté à la bataille de *Bouvines*
le Roi Philippe Auguste, qui, terrassé,
étoit au dernier danger de sa vie :
telles marques servent à conserver le
souvenir de cet illustre Chevalier. Elles
sont un puissant motif pour encourager
les François à servir nos Rois avec le
même attachement & la même fidélité.

La Maison de *Goulaine* en *Bretagne*
porte, avec les armes de France, les léopards d’Angleterre, qui sont celles de
ce Royaume, parce qu’*Alphonse*, Seigneur de *Goulaine*, fut envoyé par un
Comte de Bretagne pour négocier un
accommodement entre les Rois de
France & d’Angleterre : la négociation
fut conduite à une fin agréable à l’une
& à l’autre Puissance. *Guillaume le Roux*,
alors Roi d’Angleterre, voulut lui témoigner son estime & sa reconnois-
sance ; il lui offrit des présens considérables. *Alphonse* refusa toujours avec
cette générosité qui ne part point d’un
orgueil déplacé, mais avec cette noblesse d’ame qui est le principe du desir
de la gloire, & non du lâche & vil intérêt : le Roi pénétré de la grandeur de
ses sentimens, lui offrit les armes de

son Royaume , qui sont les léopards.
Philippe I, alors Roi de France, ne fut pas
moins libéral , il accorda au Chevalier
l'honneur de porter les armes de ce
Royaume : de ces deux glorieux écus
le magnanime Chevalier forma celui de
sa Maison , que ses descendans ont con-
servé comme un monument précieux de
la sagesse avec laquelle il s'étoit acquité
d'une commission si importante & si
épineuse. Il prit pour devise deux
grands A entrelassés d'un petit a , avec
ces mots : *à celui-ci à celui-là j'accorde*
les concordes ; devise qui est rendue très-
expressivement dans les deux vers sui-
vans :

Arbiter ambos hic Reges conjunxit amore ,
Et tenet illustris stemma ab utroque domus.

Guillaume , Comte de *Bourgogne* , eut
un fils élu Pape en **1120** , & nommé
Caliste II , malgré les brigues de l'An-
tipape *Burdin* , qui étoit soutenu par
l'Empereur Henri IV. Le premier fut
conduit à *Rome* , & établi sur le Saint
Siége par *Aimant* , Seigneur de *Cler-*
mont en *Viennois* , qui l'escorta avec un
nombre considérable de gens de guerre ,
qu'il soudoyoit à ses dépens. Le Pape

voulant lui témoigner sa reconnoif-
sance, lui donna pour armes les deux
clefs que les souverains Pontifes portent, mises en sautoir & couronnées
d'une thiare, qu'il prit pour cimier. **A**
ce trait de reconnoiſſance Caliſte en
joignit un plus diſtingué ; il lui donna,
ainſi qu'à tous ſes deſcendans, le pouvoir
de toucher les reliques de tous les corps
ſaints, à la charge cependant que lui
& les ſiens iroient baiſer les pieds de Sa
Sainteté & de ſes ſucceſſeurs, en diſant
les mêmes paroles que Saint Pierre dit
à Jeſus-Chriſt la veille de ſa paſſion :
ſi omnes te negaverint, non te negabo. On
voit cependant par cette condition que
le fruit de la reconnoiſſance du Saint
Pere n'étoit pas tout entier pour le
Chevalier, & que Sa Sainteté ne s'étoit
pas même oubliée dans ſa généroſité.

Un Cadet de la Maiſon d'*Anglure* de
Champagne, dont l'hiſtoire taît le nom
de baptême, fut fait priſonnier aux
Croiſades, & mené au Sultan *Ibrahim*.
Ce Prince ſe ſentit une ſi forte amitié
pour ſon priſonnier, qu'il voulut lui
donner ſa ſœur en mariage pour l'attacher à ſa Cour ; mais le généreux François preſſentant qu'il ne pouvoit accep-

ter les offres du Sultan que par le facri-
fice honteux de fa religion, refufa conf-
tamment d'acheter à un fi haut prix
une fi haute alliance. Le Sultan touché
de fon inflexibilité, lui donna la permiffion de retourner en Europe, à condition qu'il rapporteroit lui-même une
rançon extraordinaire qu'il exigea de
lui fur fa parole d'honneur. Il croyoit
par cette feinte le mettre dans la néceffité d'accepter fes offres ; il s'étoit perfuadé qu'il feroit impoffible à fon prifonnier de revenir avec une fomme fi
confidérable ; mais la véritable vertu eft
inépuifable en reffources. Quelle fut la
furprife du Prince de voir le jeune
d'*Anglure* revenir fix mois après avec la
fomme entière ! *Ibrahim* fenfible à fa
fidélité, refufa fa rançon & le renvoya
libre, à condition que lui & les aînés
de fa Maifon porteroient à jamais fes
armes, comme un témoignage qu'il
l'avoit trouvé digne de fon amitié, &
fans doute pour apprendre à la poftérité
qu'il ne l'accordoit qu'au vrai mérite :
c'eft vraifemblablement pour cette raifon qu'au deffous de chaque grillot,
dont l'écu d'*Anglure* eft femé, on voit
un croiffant de gueules, qui le foutient.

On pourroit appeller ſes armes, armès de donation & non de conceſſion.

Le Pape *Innocent* II , après qu'*Alphonſe* VIII eût conquis le Royaume d'Eſpagne , lui conféra le titre & les armes d'Empereur , & donna à la ville de *Tolede* le titre de ville impériale , avec la couronne de l'Empire.

Les armes de dévotion ſont celles que l'on a acquiſes par quelque action éclatante en faveur de la Religion ; telles ſont celles que l'on voit dans certaines Maiſons de France , dont les ancêtres ſont allés avec une ſainte valeur élever des trophées à la croix ſur les ruines des Moſquées & de l'impiété mahométane. Auſſi voit on pluſieurs Maiſons porter des patenotres , des couronnes d'épines , & des diadêmes des Saints la dévotion à Saint André a donné , par exemple , origine à la deviſe de *Bourgogne* ; c'eſt ſans doute ce qui a fait appeller le ſautoir , croix de *Bourgogne*. La ville de *Vienne* porte pour armes la figure d'une cuſtode du Saint-Sacrement , parce que la fête du Saint-Sacrement avec octave y a été inſtituée.

La Maiſon de *Foix* portoit les armes des anciens Comtes de *Barcelone* , dont elle se disoit issue, jusqu'à ce que *Roger Bernard*, Comte de *Foix*, épousa *Marguerite* héritiere de *Béarn*. Alors il écartela de cette Principauté, qui portoit deux vaches de gueules, accornées, accolées & clarinées d'azur, au lieu que celles de *Barcelone* sont d'or, à trois pals de gueules. Quelques-uns disent que *Roger*, Comte de *Foix*, Seigneur de *Béarn*, avoit trouvé le corps de Saint *Volusien*, Apôtre de la *Gascogne* ; qu'il le fit porter sur son chariot attelé de deux vaches, jusqu'au lieu où il fit déposer ses précieuses reliques, qu'il les suivit toujours à pied avec une dévotion édifiante, & que dès lors il voulut que son écu fût écartelé de deux vaches, en mémoire de la translation du corps de ce Saint. D'autres encore prétendent que les vaches de *Béarn* se trouvent dans cet écu, à cause de l'ancien nom des *Vaccéens*, dont les *Béarnois* se disent originaires ; d'autres à cause du grand nombre de vaches que l'on trouve dans ce pays : mais nous remontons au troisième sentiment, & croyons devoir nous y fixer comme au plus vraisemblable.

De *Mauxbois Baudran*, un de ces

B v

braves qui accompagnerent Saint Louis
à l'expédition de la Terre Sainte, eut
ordre de ce Prince de porter à *Paris* la
couronne d'épines de Notre-Seigneur,
que l'on voit à la Sainte-Chapelle. Il
exécuta sa commission avec tant de succès, que ce Prince lui donna pour armes cinq couronnes d'épines, de sable,
en champ d'argent, que sa postérité
conserve encore aujourd'hui.

On connoît par les armes de dignité
les charges auxquelles elles sont attachées. Les dignités sont de deux sortes,
Ecclésiastiques & Séculieres : les Ecclésiastiques sont le Pape, les Patriarches,
les Cardinaux, les Archevêques, les
Evêques, les Abbés, les Protonotaires,
& les Gonfalonniers. Les Séculières
sont, les Rois, & tout ce qui regarde
leur personne & leur Maison Royale :
mais comme ces sortes d'armes sont
plutôt des ornemens ou des accompagnemens de l'écu que des véritables
armoiries, nous en parlerons ailleurs.
Il n'y a que les dignités d'Electeur de
l'Empire, de Duc & Pair, de Comte
& Pair Ecclésiastique, en France, dont
les armes puissent faire connoître leur
dignité.

Les armes de domaine font attachées aux terres, & les poffeffeurs doivent en prendre les armes. Telles font les armes de l'Empire, puifque tous les Empereurs font obligés de les porter ; il leur eft feulement permis d'ajouter l'écuffon de leur Maifon.

Les armes de famille font les mêmes que les armes de fucceffion ; elles fervent à diftinguer les maifons des Maifons ; & c'eft à l'occafion de ces armes qu'on traite de toutes les autres.

Les armes d'inclination font celles qui fervent à repréfenter le penchant qu'ont des particuliers & même des Nations à la chaffe, à la pêche, aux bâtimens, aux armes & autres exercices ; ce qui a fait prendre aux uns des fangliers, des oifeaux de proye ; à d'autres des poiffons, des tours, des châteaux, des maifons ; à d'autres enfin des épées, des lances, &c.

Les armes de patronage font celles de patron, qu'on ajoute à celles qu'on a, comme un témoignage de reconnoiffance ou de dépendance ; c'eft ainfi que les Cardinaux écartelent des armes du Pape qui les a créés.

Ces armes de prétention font celles

des domaines sur lesquels les Princes prétendent avoir quelque droit , & qu'ils écartelent avec les leurs. C'est ainsi que le Duc de Savoye , Roi de Sardaigne , écartele ses armes de celles du Royaume de *Chipre* à cause de ses prétentions , depuis que *Louis* de *Savoye* épousa *Charlotte* , Princesse de *Chipre* , & qu'il fut reconnu & couronné Roi de cette Isle , présentement sous la domination du Turc.

Le Roi d'Angleterre porte les armes de France. Le Roi de France prend les armes de Navarre , à cause des justes prétentions qu'il a sur ce Royaume.

Garcia de Ximenès , premier Roi de Navarre , porta de gueules plein , jusqu'au temps où il vit dans le ciel un écu brillant , où paroissoit un chêne verd sous une croix rouge , pendant le combat qu'il livra aux Maures : il prit d'or , au chêne de sinople , surmonté d'une croix pomerée de gueules.

Le Roi *Inigo* Arista ayant vu dans la suite un pareil signe dans le ciel pendant qu'il combattoit contre les infidèles , quitta le chêne de *Garcia* , & ne retint que la croix pour ses armes. Long-temps après *Sanchès* le *Fort* , Roi de *Navarre* , après avoir forcé aux naves de *Tolose* les chaînes de fer dont Mahomet Mira- molin, Empereur d'Afrique & d'Espa- gne, avoit fortifié son camp, & après lui avoir défait entierement son armée, dont deux cent mille Maures resterent sur la place, le 8 Juillet 1212, prit pour armes ces fameuses chaînes. Il les donna aussi à plusieurs braves qui s'étoient dis- tingués dans cette fameuse journée ; mais le Roi ne voulant pas quitter en- tierement la croix que ses prédécesseurs avoient toujours fait gloire de porter, il en conserva la figure dans la disposi- tion de ces chaînes.

Les Ducs & Pairs Ecclésiastiques, comme l'Archevêque & Duc de *Rheims*, l'Evêque & Duc de *Langres*, l'Evêque & Duc de *Laon*, l'Evêque & Comte de *Beauvais*, l'Evêque & Comte de *Noyon*, l'Evêque & Comte de *Chalons*, écartelent leurs armes avec la croix, ayant pour cimier le chapeau d'Archevêque, le cordon pendant de chaque côté, & ter- miné par cinq petits cordons garnis de houpes; leur manteau, qui entoure l'é- cu, semé de France.

La raillerie a donné quelquefois ori- gine aux armes ; ainsi le cornet des armes d'Orange fait allusion au surnom de *court-nez*, que l'on donna à *Guillaume* Prince d'*Orange*.

On appelle armes de souvenir, celles que les grands hommes ont pris pour faire souvenir la postérité de quelque action remarquable : ainsi *Bouchard*, sieur de Montmorenci, prit quatre *alerions* pour accompagner la croix de ses armes en mémoire des quatre bannières qu'il enleva à l'armée d'Othon II, qui fut défaite par les François. *Mathieu* II du nom y en ajoûta douze autres, pour faire souvenir qu'il avoit enlevé autant de bannières à l'armée d'*Othon* IV, à la journée de Bouvines, en 1214.

Les armes à enquerir, sont proprement des armes fausses ; car c'est une loi fondamentale du Blason, de ne jamais mettre métal sur métal, ni couleur sur couleur. Lorsqu'on rencontre cette irrégularité, & que c'est par donation du Souverain, on appelle ces armes, armes à enquerir, c'est à dire que l'intention du Souverain est que l'on demande la raison de telles armes, & qu'en la demandant on apprenne le sujet & l'action éclatante par laquelle on les a méritées.

Ainſi *Godefroi* de Bouillon ayant conquis par ſa valeur , & s'étant rendu maître par ſa prudente conduite , du Royaume & de la ville de *Jeruſalem* , les Princes chrétiens qui l'avoient ſuivi à cette illuſtre expédition , lui donnerent une croix d'or potencée , cantonnée de quatre croiſettes de même , ſur un fond d'argent , afin que ceux qui verroient ces armes , en demandant pourquoi on avoit mis métal ſur métal , contre les règles , appriſſent que c'étoit en mémoire de cette heureuſe conquête.

Les armes anciennes de *Montmorenci* étoient des armes à enquerir avant Mathieu II. Les premiers Héros de cette illuſtre Maiſon portoient d'or , à une croix d'argent ; afin que ceux qui en demanderoient la raiſon , appriſſent que la Maiſon de *Montmorenci* étoit , après le Roi *Clovis* , la premiere qui reçut le ſaint Baptème , ce qui ſe voit dans la deviſe de cette Maiſon : *Dieu ſauve le premier Chrétien.*

CHAPITRE VI.
Des Couleurs.

TOUT le Blason se réduit à trois connoissances, qui sont la connoissance des émaux, de l'écu, & des pièces de l'écu. Pour en traiter avec ordre, nous devons commencer par les émaux, qu'il convient de diviser en couleurs, métaux & fourrures : nous destinons ce chapitre à la connoissance des couleurs.

Le terme *émaux* vient de l'émail que les Anciens mettoient d'abord sur le fond de leur écu, & sur cet émail ils couchoient les couleurs qui leur plaisoient. Lorsqu'ils émailloient d'or leur écu, le fond étoit appellé fond d'or ; s'ils l'émailloient d'argent, le fond étoit d'argent ; si c'étoit de bleu, ils appelloient le fond d'azur. Quand ils émailloient de vermillon, le fond étoit de gueules ; lorsque l'émail étoit de verd, le fond étoit nommé de sinople ; lorsqu'ils mettoient le noir à cet usage, le fond prenoit le nom de sable ; & enfin

lorfqu'ils émailloient de couleur violette, le fond étoit réputé de pourpre.

On lit dans *Aulugelle*, que les yeux
apperçoivent plus de couleurs que les
paroles n'en peuvent exprimer ; ce qui
paroît être approuvé de la plupart des
Philofophes, qui prétendent que ce
qui eft le plus connu à l'efprit eft le
plus inconnu aux fens, comme la
penfée ; & que ce qui eft le moins
connu de l'entendement, eft très fa-
milier aux fens, comme les couleurs,
l'odorat & le goût. Nous ne pafferons
point cette partie fi intéreffante de la
Phyfique, fans mettre fous les yeux du
lecteur, mais d'une maniere très-abré-
gée, les différens fentimens qui ont divifé les Philofophes fur cette matiere ;
ce n'eft point à nous à entrer dans une
querelle fi fublime. Nous ne les donne-
rons que comme des probabilités, &
non comme des articles de foi : notre
lecteur reftera toujours dans l'indépen-
dance ; nous le prions même de les paffer, s'ils preffent quelque ennui.

Il eft des Philofophes qui ont prétendu que les couleurs ne font qu'un compofé de lumiere & de flammes ; parce
que nous ne pouvons pas voir les cou-

leurs fans la lumiere , & qu'il faut con-
fidérer deux chofes dans les couleurs ,
la matiere & la forme. La matiere , di-
fent-ils , eft une qualité feconde , qui
réfulte du mêlange des premieres qualités chaudes , humides , froides & fé-
ches , & que la lumiere en eft la forme ;
& que par conféquent les couleurs font
un compofé de flamme & de lumiere.
Ce fentiment quoique faux , comme il
feroit aifé de le prouver , fut celui de
Démocrite ; car on ne peut & on ne doit
l'entendre des couleurs apparentes , qui
fe produifent par la reflexion & la ré-
fraction des rayons de la lumiere.

Selon *Pythagore* , la couleur étoit une
quantité fuperficielle ; ce qui n'eft pas
moins faux , puifque la couleur ne s'é-
tend pas feulement fur les corps , mais
encore qu'elle les pénetre.

Platon prétendoit que les couleurs
font le vêtement des fubftances ; il faifoit de la nature une mere tendre , qui
ne fe plaît qu'à parer fes productions
pour les rendre plus agréables à la vûe.
Rien en effet ne feroit plus defagréable
qu'une production dépouillée de toute
couleur , s'il étoit poffible qu'il exiftât
quelque chofe de vifible fans être co-

loré. Comme il fait honneur des couleurs aux efprits qui abondent dans tous
les corps , il prétend que les corps dont
les efprits font plus rafinés , font revêtus
de couleurs plus vives , comme on peut
le voir dans les métaux , qui dans leurs
diffolutions offrent des couleurs plus
éclatantes. Dans la diffolution de l'or ,
on eft frappé de la beauté du jaune qui
en réfulte; dans celle du vif argent , on
eft charmé du verd qu'elle produit ; dans
celle de l'étain , on admire l'azur , qui
en eft l'effet. Ces couleurs fubfiftent ,
même jufqu'à la putréfaction , de laquelle on voit naître le vermillon , la
cérufe , le gris & le verd , autant d'ef-
fets qui font autant de preuves de la
quantité des efprits fins & fubtils ,
dont les métaux font remplis ; les fecours prodigieux que la médecine tire
de leur diffolution , font encore des
preuves triomphantes auxquelles on ne
peut point fe refufer.

Ariftote dit que *color eft motivum perfpicui quatenus perfpicui* , c'eft-à-dire que
la couleur eft une qualité feconde, qui
réfulte du mêlange des quatre premieres qualités. En produifant fon image
dans le milieu , c'eft-à-dire dans l'air ,

elle rend visible un corps qui est éclairé
par la lumiere, & c'est ici une condition sans laquelle les couleurs ne se-
roient point visibles : d'où l'on conclu-
roit que les corps exempts de tout mêlange ne sont point visibles, & que les
autres corps moins simples, sont visibles par le secours de la lumiere : de
sorte que le soleil & les astres sont visibles par leur propre lumiere ; & qu'au
contraire le cristal, le verre & les autres
corps transparens, sont visibles par le
secours d'une lumiere étrangere.

Descartes au contraire, antagoniste
d'*Aristote*, prétend que les couleurs ne
sont point dans les objets que l'on nomme lumineux & colorés, & qu'elles
sont des qualités tout-à-fait semblables
aux sentimens que nous avons à leur
occasion. Ce qu'il prouve par l'expérience de l'épingle, qui en piquant n'a
point la sensation qu'elle donne à la
personne piquée ; par le prisme triangulaire, qui fait voir des couleurs qu'il
n'a point, & par les écrevisses qui deviennent rouges à mesure qu'on les
échauffe, & qui froides ne changent
point de couleur.

Le sentiment de la lumiere, selon

lui , dépend de ce que nous sommes capables de sentir de cette façon particuliere , & de ce qu'il y a dans les pores des corps une matiere affez subtile, capable de les pénétrer , & affez puissante pour ébranler les petits filets qu'on trouve au fond des yeux. Pour établir ce système , il établit deux sortes de lumieres ; une lumiere primitive , qui consiste en un certain mouvement des corps lumineux , qui les rend capables de pousser à la ronde la matiere subtile dont les pores de tous les corps sont remplis. L'inclination à se mouvoir , à s'éloigner du centre du corps lumineux en ligne droite , constitue l'essence de la lumiere seconde ou dérivée : d'où l'on peut conclure que la forme du corps transparent consiste dans la rectitude de ses pores , & qu'ils le traversent de tous les côtés sans interruption. Un corps sera au contraire opaque , lorsque ses pores ne seront point droits , ou s'ils le sont , lorsqu'ils ne le pénétreront point de tous les côtés.

Le même Philosophe ajoute qu'il ne peut y avoir que deux sortes de couleurs , ou plutôt deux sortes de corps , qui produisent les couleurs ou les font paroître, l'opaque ou le tranſparent. Le tranſparent produit le blanc, l'o-paque le noir ; & un corps qui ſera plus ou moins tranſparent, produira les ſecondes couleurs, ou les couleurs qui en dérivent, comme le jaune, le verd, &c.

Mais pour parler ſelon le ſentiment commun, les couleurs ſont ſimples ou compoſées ; les ſimples ſont le blanc & le noir. D'autres prétendent que le noir n'eſt pas une couleur, mais une priva-tion de la blancheur. Il en eſt d'autres qui ſoutiennent que le blanc eſt la plus indigente & la derniere de toutes les couleurs, & qu'elle ne paroît qu'au défaut des autres ; ils prennent leur preuve des tulipes & des violettes, qui lorſqu'elles ſont négligées & privées de leur culture ordinaire, deviennent pâles & blanches. Ils ajoutent que ſi l'on arrache les plumes d'un oiſeau, dont le plumage eſt bigarré, elles de-viendront blanches, que les hommes, lorſqu'ils manquent de chaleur natu-relle, blanchiſſent ; qu'aux cicatrices le poil devient blanc ; ce qui marque une défaillance dans la nature. Que peut-on conclure de ces deux ſentimens, ſinon

que le blanc & le noir ne font point des
couleurs fimples ou radicales ?

S'il eft vrai que les couleurs viennent
du mêlange du chaud, du froid, du
fec & de l'humide, il y aura quatre
couleurs Le noir, qui vient de la terre,
repréfentée par une figure cubique ou
quarrée, que par cette raifon on pourroit dire avoir été appellée fable, parce
qu'elle eft dans la nature la premiere
des couleurs & la derniere quant à l'art
qui ne peut donner aucune teinture au
noir : cette couleur eft attribuée à Saturne entre les planettes, & au plomb
entre les métaux.

Le blanc, qui vient de l'eau, du froid
& de l'humide ; cette couleur eft attribuée aux mercures célefte & terreftre.

L'azur ou bleu, qui vient de l'air &
& du chaud & humide ; il eft attribué
à l'argent.

Le rouge ou gueules, qui vient du
feu & du chaud & fec ; il eft attribué
à l'or.

De ces quatre couleurs fimples font
compofées toutes les autres que nous
voyons dans les couleurs artificielles.
On fait plufieurs gris plus ou moins
couverts par la mixtion du noir & du

blanc. Le noir & le bleu mêlés enfemble produifent le violet ; le noir & le rouge produifent le pourpre, le tanné & le cannelé ; le jaune fort du mêlange du blanc & du rouge, & le verd du mêlange du jaune & du bleu.

Les anciens Peintres mettoient le jaune au lieu du bleu, au nombre des couleurs fimples, ce que les Chimiftes ont imité. Ceux-ci ont remarqué dans la recherche de la pierre qu'ils ne trouveront jamais, quatre couleurs qui fe fuivent ; le noir, le blanc, le jaune & le rouge ; mais *Michel-Ange & Daniel de Volterre* ont préféré le bleu au jaune, parce que le ciel fe peint de cette couleur, & qu'elle eft fimple, au lieu que le jaune eft une couleur compofée de blanc & de rouge.

Quoique le vermeil rouge ou couleur d'écarlate, foit compofé & artificiel, il a été cependant en grande eftime dans tous les fiécles, parce que le feu, le plus fubtil de tous les élémens, paroît fous cette couleur. Les Rois étoient revêtus de pourpre dans les grandes cérémonies ; & même aujourd'hui en difant qu'un homme eft né dans la pourpre, on prétend parler d'un Prince du fang royal.

royal. La rose, reine des fleurs, porte cette couleur ainsi que le rubis : c'est cette couleur qui pare le souverain Pontife, les Cardinaux, nos Présidens, nos Conseillers, & généralement toutes les personnes constituées en dignité.

Le rouge est l'emblême du martyre : la charité nous est représentée sous cette couleur. Dieu lui-même lorsqu'il s'est manifesté aux hommes, l'a choisie par préférence, témoins le buisson ardent, le mont *Sinaï* & la colonne de feu qui guidoit les Israélites.

Les anciens eurent une si grande estime pour le rouge ou pourpre, qu'ils en attribuerent l'invention à *Hercule*. On trouva cette couleur dans une huitre, ou poisson qui vit dans une coquille qu'on nomme *purpure*, & qui est de la grosseur d'un œuf de poule, hérissé de pointes : on pêche ce poisson sur les côtes de la *Phénicie*. La ville de *Tyr*, capitale de la Phénicie, étoit fameuse par le grand commerce qu'elle faisoit d'étoffes teintes en cette couleur ; de sorte que cette espèce de rouge étoit généralement appellée *teinture Tyrienne*. On dit qu'*Hercule* se promenant un jour sur le bord de cette mer, vit son

Tome I.   C

chien manger un purpure, & qu'il s'apperçut que ses babines étoient teintes du sang de ce poisson, qu'il admira la vivacité de cette couleur ; que cette découverte l'engagea à faire la pêche des purpures, & qu'il fit teindre une robe dans le sang qu'il en tira, qu'il en fit présent à la Princesse de Tyr : voilà à peu près ce que l'antiquité nous laisse de plus instructif sur l'origine de cette couleur.

Quelques-uns ont prétendu que les nuances que la Nymphe *Glicera* faisoit avec ses bouquets, ont donné lieu à la composition des couleurs ; ce qui n'est que très douteux ; car quoiqu'elle en fit des oiseaux, des portraits & autres choses semblables, on ne doit point conclure qu'elle en composa les couleurs, puisque les fleurs perdent leur lustre à mesure qu'elles se dessechent.

Nous ne nous arrêtons plus à ces différens sentimens. Pour parler des couleurs qui entrent dans le Blason, nous en admettons cinq : l'azur, le gueules, le sable, le sinople & le pourpre. On a aussi admis en France la couleur de chair, qu'on nomme carnation & la couleur naturelle des animaux, des plantes, des fruits & des fleurs, sans qu'on

puisse dire que les armes soient fausses.
On doit cependant remarquer que les
couleurs naturelles n'entrent jamais
dans la composition du fond de l'écu, &
qu'elles ne servent que pour les pièces : on
ne voit dans toutes les armoiries, que
la seule Maison de *Prado* en *Espagne*,
qui porte un pré au naturel, c'est-à-
dire couvert d'herbes & de fleurs, telles
qu'elles sont dans les prairies : on voit
dans les mêmes armes un lion de sable.

Quelques Nations, principalement
l'Angloise, admettent la couleur san-
guine que l'on fait avec la lacque toute
pure, l'orangée qui se fait de la mine
de plomb, & la tannée qui est composée du rouge & du noir ; mais en France
on rejette ces couleurs, on y seroit même
tenté de supprimer le pourpre. M. de la
Roque qui nous a donné des recherches
sur le Blason, veut qu'on retranche entierement le pourpre ; il ajoute que M.
l'Abbé de *Brianville* s'y seroit trompé,
si un sçavant Chimiste ne lui eût fait
remarquer que l'argent bruni prend
cette couleur. En effet le pourpre, qui
tient un milieu entre le rouge & le violet, n'a jamais passé pour une couleur
chez les anciens Héraults, qui ont don-

né des règles sur l'héraldique.

Cependant sans avoir égard à des raisonnemens si rafinés sur une matiere où il ne s'agit que du fait, nous abandonnerons la théorie pour nous arrêter à la pratique, & nous nous fixerons au témoignage de mille Auteurs, qui ne font point difficulté d'admettre cette couleur dans le Blason. L'autorité de plusieurs anciennes maisons qui la portent dans leurs écus, doit prévaloir sur la vaine subtilité de tant de raisonnemens.

L'azur ou bleu, qui est en France la premiere des couleurs, représente le ciel, le tribunal de Dieu, & la félicité éternelle. Dans ce monde, il représente la beauté, la douceur, la noblesse; entre les planettes, il représente Venus & Jupiter; entre les douze signes du Zodiaque, les jumaux, la balance, le verseau; entre les jours de la semaine, le mercredi & le vendredi; entre les mois de l'année, Septembre; entre les élémens, l'air; entre les métaux, l'étain; entre les pierres précieuses, la turquoise; entre les arbres, le peuplier; entre les fleurs, la violette; entre les animaux quadrupedes, le caméléon; entre les oiseaux, le paon; entre les

complexions des hommes, la fanguine ;
entre les âges, la jeuneffe.

Les anciens Héraults difoient que
ceux qui portoient cette couleur, étoient
obligés de fecourir les ferviteurs fidèles
des Princes, qui les laiffoient dans l'indigence, & privés de la récompenfe dûe
à leurs travaux.

Les Auteurs, tant latins que françois,
font partagés fur l'étimologie & le nom
de gueules. Les anciens ont appellé de
ce nom ce que nous nommons communément vermillon, couleur de fang,
écarlate, rouge : felon *Feron*, ce nom
vient de la gueule rouge des animaux.
D'autres difent qu'il vient du mot latin *cufculum*, qui eft la graine ou plutôt l'infecte, dont on fe fert pour faire
l'écarlate. Il en eft d'autres qui affurent
qu'il vient du mot hébreu *gulud*, qui
fignifie peau rouge ; ce qui a bien plus
de vraifemblance. *Platon* dans fon *Ti-
mée* dit que les gueules approchent des
rayons ou flammes de feu.

Cette couleur, entre les vertus théologales, repréfente la charité ; entre les
morales, le courage, la nobleffe & la
magnanimité ; entre les vices, la fureur, la cruauté, la colere, le meurtre

& le carnage ; entre les planettes, Mars ;
entre les douze signes, le bélier, le
lion & le sagittaire ; entre les élémens,
le feu ; entre les complexions des hommes, la colérique ; entre les pierres
précieuses, le rubis ; entre les métaux,
le cuivre & l'airain ; entre les arbres,
le cédre ; entre les fleurs, l'œillet ; entre
les mois de l'année, Mars & Juillet ;
entre les âges de l'homme, la virilité.
On croit qu'elle représente aussi le jugement, fondé sur cette opinion que
le monde sera consumé par le feu ;
ceux qui portent cette couleur sont obligés de secourir les malheureux qui sont
opprimés par l'injustice.

Le sinople, ainsi appellé du mot latin *synopis*, est une espèce de craie ou terre minérale que l'on trouve au Levant,
& dont on se sert pour peindre en verd.
Entre les vertus théologales, le sinople
représente l'espérance ; entre les planettes, Mercure ; entre les élémens,
la terre ; entre les complexions de l'homme, la phlegmatique ; entre les pierres
précieuses, l'émeraude ; entre les jours
de la semaine, le mercredi ; entre les
mois de l'année, Avril & Mai ; entre
les métaux, le vif argent dont on fait

le verd ; entre les arbres, le laurier ; entre les fleurs, le *sempervivum* ou *semper-
vive* ; entre les oiseaux, le perroquet ;
entre les âges de l'homme, l'adolef-
cence.

Les anciens Héraults ont donné le nom
de fable au noir, parce qu'il vient de
la terre : cette couleur, comme nous
l'avons dit, eft la premiere dans la nature, & la derniere dans l'art. Il eft des
Auteurs qui penfent que les Héraults ont
donné ce nom au noir, parcequ'il y a
une efpèce de fable noir qui eft propre
à dérouiller les armes ; je crois que cette
obfervation ne mérite point entierement qu'on y ajoute foi.

Le noir, entre les affections de l'ame,
eft l'emblême de la douleur & de la
triftefle ; entre les vertus morales, il
l'eft de la fagefle & de la prudence ; il
l'eft de faturne entre les planettes ; du
taureau, de la vierge & du capricorne
entre les douze fignes ; de la terre entre
les élémens ; du famedi entre les jours
de la femaine ; de la mélancolique entre
les complexions de l'homme ; du plomb
& du fer entre les métaux ; de l'aimant
entre les minéraux ; de l'olivier entre
les arbres ; du corbeau entre les oifeaux ;

C iiij

de la caducité entre les âges. Ceux qui
portent cette couleur font obligés de fecourir les veuves, les orphelins, les
Eccléfiaftiques & les gens de lettres qui
font dans l'indigence.

Le noir fait en nous une impreffion
fi profonde, qu'en la confidérant nous
devenons rêveurs & triftes ; ce qui a
donné fans doute lieu à cette expreffion
fi ufitée, pour parler d'un homme qui
n'eft pas gai, *il a du noir dans l'efprit*. Ne
la portons-nous pas en effet pour marquer le deuil & la trifteffe que nous
caufe la mort d'un parent ou d'un ami ?
Selon quelques Auteurs, les habitans
du pays voifin du *Pô*, en Italie, intro-
duifirent la couleur noire, pour témoigner leur trifteffe & leurs regrets de
la mort de *Phaëton*.

Le pourpre eft appellé par les Efpa-
gnols, *una mixtion* ou mêlange, parce
qu'on le fait du mêlange des quatre
autres couleurs. Entre les vertus morales, il eft le fymbole de la tempé-
rance & de la gravité ; de Venus & de
Jupiter entre les planettes ; de l'air entre
les élémens ; du jeudi entre les jours de
la femaine ; de Juin & de Novembre
entre les mois ; de l'amétifte entre les

pierres précieufes ; de l'étain entre les métaux ; du fapin entre les arbres ; de l'iris entre les fleurs ; du lion entre les animaux ; de la virilité entre les âges. Ceux qui portent cette couleur font obligés de fecourir les Eccléfiaftiques & les Religieux.

CHAPITRE VII.

Des Métaux.

DE tous les métaux, l'or & l'argent font les deux qui feuls entrent dans la compofition des armes.

L'or eft le plus noble de tous les métaux ; il eft un mêlange des quatre qualités : il a cet unique tempéramment que les Philofophes appellent *tempera-mentum ad pondus.* Comme ce métal, réfifte à tous les agents naturels, qualité que lui donne fon excellente compofition, il eft appellé par les fages le fils du foleil, de même que le verre eft appellé le fils du feu : l'or & le verre font les deux chefs d'œuvres de la nature ; le foleil ne peut rien produire de plus excellent que l'or, & le feu rien de plus excellent que le verre. Le fça-

vant *Raimond Lulle* difoit que fi Dieu
avoit fait les hommes d'or , ils feroient
immortels ; ce métal eft en effet incor-
ruptible à caufe de fa fimplicité & de fa
pureté ; auffi le regardons-nous comme
le fymbole de l'immortalité.

L'argent eft à l'or ce que la lune eft
au foleil ; & comme ces deux aftres
tiennent le premier rang entre les planettes , de même l'or & l'argent tiennent le premier rang entre les métaux.
Le prix de l'argent approche beaucoup
celui de l'or ; la feule différence qu'on
y trouve vient du dégré de coction : de
forte que fi la nature dans la production
de l'argent eût atteint à un plus haut
dégré de chaleur, elle auroit produit de
l'or : enforte que la différence qui eft
entre l'or & l'argent, ne doit être attribuée qu'à la digeftion & à la coction
moins parfaites du fouffre & du mercure.

Il y a une certaine reffemblance entre
le foleil, le cœur de l'homme & l'or.
Le foleil eft dans la nature ce que le
le cœur eft dans l'homme : cet aftre eft
le principe de la chaleur & du mouvement de toutes les caufes fecondes ; de

même que dans l'homme, le cœur est le principe du mouvement & de la chaleur : on remarque que l'or converti en elixir, conserve, fortifie & réjouit le cœur de l'homme.

Il y a aussi une grande affinité entre l'argent, le cerveau & la lune ; cet astre influe beaucoup sur le cerveau. Cette vérité contestée, n'est que trop appuyée sur l'expérience : l'argent fortifie le cerveau, la médécine en tire des remèdes efficaces pour ce viscere ; c'est pourquoi on regarde ce métal comme le symbole des grandes qualités de l'ame, qui réside principalement dans le cerveau.

Si l'on fait usage des métaux & des couleurs dans la composition des armoiries, sous le nom d'émaux, ce n'a été sans doute que pour rendre cette science moins commune : on a prétendu (& c'est avec raison) la consacrer aux sçavans & aux nobles, & ne point la prostituer au vulgaire.

L'or dans les armoiries est l'emblême de plusieurs vertus chrétiennes ; telle que la foi : de là vient l'expression de *pureté* de la foi, si usitée parmi les Peres de l'Eglise, parce que l'or est le lus pur des métaux.

Scilicet ut fulvum spectatur ignis ad aurum,
Tempore sic duro nobis spectanda fides est.

Notre foi est épurée par l'adversité, comme l'or est purifié par le feu. Il est l'emblême de la justice ; d'où est venu ce proverbe, *juste comme l'or* ; de la charité, à cause de sa couleur ardente & lumineuse ; de la douceur, de la clémence & de l'humilité, parce que quoique l'or soit le plus pur, le plus noble & le plus considérable, il est cependant le plus doux, le plus flexible, le plus maniable de tous les métaux.

L'or représente aussi l'opulence, la splendeur, la constance, la joie, la prospérité, la vie longue, la pureté d'intention & la droiture du cœur, qui doivent être autant de principes des actions éclatantes. Ainsi de même que l'or est du fond de l'écu, de même la droiture du cœur & la noblesse de sentiment doivent être le fondement de la véritable noblesse.

A l'égard des pierres précieuses, l'or représente l'escarboucle, & selon d'autres la topaze ; ce qui signifie que comme les ténebres ne peuvent point diminuer le brillant éclat de cette pierre précieuse, de même les ténébres du tems ne pour-

ront jamais cacher ni obſcurcir les actions éclatantes de la nobleſſe.

Quant aux planettes, l'or repréſente
le ſoleil ; ce qui ſignifie que comme le
ſoleil eſt vû de tout le monde, & qu'il
éclaire tout l'univers, de même les actions héroïques accompagnées de la
droiture du cœur & de la pureté d'intention, feront publiées & connues de
tous les hommes.

Entre les douze ſignes, l'or repréſente
le bélier, parce que lorſque le ſoleil
entre dans ce ſigne, il réjouit toute la
nature, & que l'or eſt, comme nous
l'avons dit, l'emblême de la joie. Il repréſente auſſi le lion ; & comme le ſoleil eſt dans ſa grande force lorſqu'il
parcourt ce ſigne, l'or n'a pas moins de
puiſſance ſur la terre : vérité dont *Philippe de Macédoine* étoit vivement per-
ſuadé, lorſqu'il diſoit qu'il n'y avoit
point de ville imprenable, dès qu'on
pouvoit y faire entrer un mulet chargé
d'or ; ce qui répond au ſentiment de
Zénocrate, qui prétendoit qu'une clef
d'or ouvroit toutes ſortes de ſerrures.

L'or repréſente auſſi le ſagittaire : entre les quatre élémens, il eſt le ſymbole
du feu ; de la complexion ſanguine en-

tre les complexions ; du dimanche entre les jours de la semaine ; de Juillet
& d'Août entre les mois de l'année ; du
cyprès & du laurier entre les arbres ; de
l'éliotrope entre les fleurs ; du coq entre
les oiseaux ; du lion entre les quadrupedes ; du dauphin entre les poissons.

Enfin l'on peut dire, & l'on sçait
même, que l'or est le grand mobile &
l'unique ressort de toutes les actions des
hommes. Mais le propre des meilleures
choses est de se corrompre ici-bas ; de
sorte que la source de tant de biens est
devenue la source de tous les maux.

L'argent est le second métal qui entre
dans les émaux ; il est le signe caracté-
ristique de l'humilité, de la pureté, de
l'innocence, de la vérité ; c'est pourquoi les Candidats ou ceux qui aspi-
roient aux honneurs, devoient anciennement être vêtus de blanc : il l'est aussi
de la beauté, de la blancheur. Entre les
planetes, il représente la lune ; le lion,
les poissons & l'écrevisse, entre les douze
signes ; l'eau entre les élémens ; la phlegmatique entre les complexions de l'homme ; le lundi entre les jours de la semaine ; Janvier & Février entre les mois de
l'année ; la perle, le diamant & le cris-

tal, entre les pierres précieuses ; le palmier entre les arbres ; le lis entre les
fleurs ; l'hermine sans tache entre les
animaux ; la vieillesse entre les âges de
l'homme. Ceux qui portent l'argent
dans leurs armes, sont obligés de secourir les vierges & les orphelins, de
même que ceux qui portent un fond d'or
sont obligés de secourir leurs Princes.

L'argent est aussi l'emblême de la
chasteté dans les femmes, de la virginité dans les filles, de la justice dans un
Juge, & de l'humilité (le croiroit-on)
dans un Financier ?

CHAPITRE VIII.

Des fourrures.

IL y a deux sortes de fourrures, l'*her-*
mine & le *vair*. L'hermine est d'argent & de sable, parce que cet animal
a le corps d'une blancheur éblouissante,
& la queue d'un noir très-forcé.

L'hermine est un petit animal de la
grosseur d'une belette, dont la peau est
toute blanche, si l'on en excepte le bout
de la queue, qui est d'un noir fort lui-

faut.) On les appelloit anciennement
Rats du *Pont*, parce qu'ils venoient de
la province de l'Asie qui porte ce nom,
& les peaux en ont été également connues par les marchands, sous le nom
de peaux de *Babylone* : les François
commerçans en *Armenie*, appellée autrefois *Herminie*, leur ont donné le
nom d'hermines ; elles sont le symbole
de la pureté.

L'hermine est annexée à l'écu de *Bre-*
tagne. Sans avoir recours à toutes les
fables qu'on a débité à ce sujet, on peut
dire que cet animal est le Blason du
pays, puisqu'il est amphibie ; ce qui figure parfaitement les *Bretons*, qui ha-
bitent une péninsule fertile en bleds &
en pâturages, où le commerce avec l'é-
tranger est facile & commode par la
quantité de bons ports qu'on y voit.

De tout temps l'hermine a été la figure hiéroglique de la Duché de *Bre-*
tagne.) On en voit une dans la ville de
Quimper, relevée en bosse, figurée
comme marchant sur les eaux, & cher-
chant à prendre terre. Le bout de la
chaîne qui la tient attachée, est hors de
l'eau, & revêtue d'un manteau d'hermine flottant, avec ce mot, qui semble
sortir de sa gueule, *à ma vie.*

L'écu d'hermine est très-ancien. Lorsque l'hermine est semée de mouchetures sans nombre, celles du chef doivent être entieres, celles des bords se perdent à moitié dans les flancs & dans la pointe de l'écu.

Quand on blasonne l'écu de *Bretagne*, il ne faut point compter les mouchetures, il faut simplement dire, porte de *Bretagne*. S'il arrive que quelque animal, par exemple le lion, ait les émaux de Bretagne, il faut simplement dire, porte d'or au lion d'hermine, au croissant de Bretagne. Si le fond étoit de sable & les mouchetures d'argent, il faut dire, de contre-hermine. Lorsque les mouchetures sont de gueules ou de sinople, on ne doit plus dire d'hermine, ni de contre-hermine, parce qu'il n'y a point d'hermine verte ni rouge, mais moucheté de gueules, de sinople. Pour ce qui est des pointes que l'on met au bout des mouchetures, cela est indifférent; on en met 3 1 , 5 1 , 7 1 ; mais elles n'excèdent pas ordinairement ce nombre.

Le *vair* n'est autre chose que des ventres de petit gris cousus ensemble, qui font par leur dérangement & par leurs difpofitions les mêmes nuances des couleurs que nous voyons dans le *vair*. Les Auteurs prétendent qu'on ne doit point exprimer le nombre des pièces ni des émaux ou couleurs , lorfqu'elles font d'argent & d'azur & de cinq rangées ; ils veulent qu'on dife fimplement, Monfieur tel porte de *vair*.

Lorfque le vair a plus de couleurs que les deux couleurs mentionnées ci-deffus, on dit vairé ; une telle maifon porte vairé d'or & de gueules. L'étimologie du mot vair vient des mots latins *variis coloribus*, c'eft-à-dire de la diverfité de couleurs ; parce que ces ventres de petits gris paroiffent , fuivant les différens jours, tantôt bleus, tantôt blancs , tantôt verds & tantôt jaunes.

Quant à l'origine du vair dans les armoiries , l'hiftoire nous apprend qu'un Seigneur de l'illuftre Maifon de *Couci*, en *Picardie*, paffa les mers pour faire la guerre aux infidèles , & que dans une occafion voyant fes gens mis en déroute, fes bannières rompues, prifes ou renverfées , il s'avifa de couper fon manteau d'écarlate doublé de petit gris , il en attacha quelques lambeaux au bout de fa lance ; à ce fignal fes gens fe ral-

lierent, reprirent courage, & fondirent
fi à propos & avec tant d'impétuofité
fur l'ennemi, qu'ils le défirent & rem-
porterent une victoire complette. En
mémoire de cet événement, il prit pour
fes armes, facé de gueules & de vair, fix
pièces ; parce que fon manteau d'écarlate, doublé de petit gris, portoit autant d'émaux, & qu'il avoit été caufe de
cette victoire. Il laiffa ces armes à fes
defcendans, qui quitterent leur ancien
écu de gueules, à la bande d'or, cot-
toyée de deux cottices. La Maifon de
Couci étoit fi illuftre, qu'elle ne le cé-
doit qu'aux plus grands Souverains. Le
dictum d'un ancien Seigneur de cette
Maifon, peut fervir de preuve à ce que
l'on avance : je ne fuis, difoit-il, ni
Roi ni Prince, je fuis le Seigneur de
Couci ; faifant entendre qu'il étoit fi
content de fa condition, qu'il n'envioit
celle de perfonne.

Dans la fuite, plufieurs Maifons, à
l'exemple de celle de *Couci*, prirent le
vair. *Couci* prit facé de vair & de
gueules ; *Longueval*, bande de vair &
de gueules ; *Torci* prit de gueules à trois
pals de vair, au chef d'or.

. Nous avons dit que lorfque le vair

étoit de bleu & de blanc , il falloit dire simplement , un tel porte de vair , fans exprimer autrement ces couleurs ; que lorfqu'on ajoutoit quelqu'autre couleur, il falloit dire vairé. Nous ajoutons que quand le vair eft de cinq rangées ou couleurs, on n'en exprime point le nombre ; lorfqu'il eft de deux ou trois rangées , on dit beffroi de vair ; quand les rangées font au deffus de fix , on dit menu vair , fans qu'il foit néceffaire d'énoncer les rangées , pièces ou couleurs. S'il arrive que le métal foit oppofé au métal , & la couleur à la couleur , on dit contre vair ; lorfque la pointe d'une pièce eft oppofée à la bafe, & la bafe à la pointe , on dit vair en pointe.

Il eft des Auteurs qui prétendent que l'hermine fut introduite dans les armoiries , lorfque les Sarrafins entrerent en France. *Charles Martel* à la tête des François défit ces infidèles à la journée de *Tours* ; & c'eft de cette époque que les François prirent pour armes les écus couverts des peaux de ces animaux , que les infidèles portoient , & les vainqueurs en firent dans leur Blafon les ornemens de leur triomphe & de leur victoire.

Avant l'introduction des hachures que l'on fait fur le Blafon en taille douce, les Anciens fe fervoient des lettres capitales des émaux. Ils repréfentoient l'or par la lettre O, l'argent par l'A, l'azur par un petit a, ainfi des autres; ce qui caufoit beaucoup de confufion dans les armes. Le fieur *Wolfon* fut le premier qui fe fervit des hachures; cet ufage a été généralement fuivi de toutes les Nations.

L'or dans les tailles douces eft pointillé : on n'y marque point l'argent, on le laiffe en blanc. On exprime l'azur par des lignes horizontales, tirées de droite à gauche ; le gueules par des lignes perpendiculaires qui fe croifent ; le finople par des lignes diagonales, de droite à gauche ; le pourpre par des lignes diagonales, de gauche à droite. Lorfqu'on trouve de tels écus fans aucune figure, on dit d'or plein, d'azur plein, de finople plein, de vair plein, ainfi du refte.

On repréfente l'hermine fur un fond de fable ou d'argent. Lorfque les mouchetures ne font point femées, on en exprime le nombre; alors les hermines font prifes pour meubles de l'armoirie : on repréfente le vair par des rangées d'argent & d'azur, en forme de cloches.

CHAPITRE IX.

De l'Ecu en général.

L'E c u eft le fondement du Blafon : il eft certain que le mot *écu* vient du latin *fcutum*, qui dérive du mot grec *fcutos*, qui fignifie bouclier. Les boucliers des anciens Gaulois & Allemands étoient d'ozier, d'où vient ce proverbe méprifant chez les Romains, *gerra germana*, c'eft-à-dire bouclier allemand, pour dire une chofe de petite conféquence. Le Poëte *Claudien* fait mention d'une coutume bien barbare, qui étoit établie chez les anciens Gaulois. Ils éprouvoient, dit ce Poëte, fi leurs enfans nouveaux nés étoient légitimes ou adultérins, en les expofant au courant du *Rhin*, couchés fur des boucliers d'ozier; fi le bouclier & l'enfant flottoient, on le reconnoiffoit pour légitime; fi au contraire l'enfant couloit

au fond , il étoit déclaré adultérin , &
on l'abandonnoit à fon funefte fort.

Et quos nafcentes explorat gurgite Rhenus.

Nous devons beaucoup à la Nation de
s'être policée.

Lorfque nos ancêtres fe marioient ,
ils faifoient préfent d'un bouclier à
leurs femmes ; on leur faifoit entendre
par ce don, qu'elles devoient entrer dans
les vûes généreufes de leurs époux , &
partager avec eux les peines & les fati-
gues de la guerre , puifque par leur
contrat , elles s'étoient affociées à leur
fortune. C'étoit dans la cérémonie de
la donation de l'écu que les Gaulois
émancipoient & déclaroient les jeunes
gens capables de remplir les Charges
de la République : *Cefar* dit qu'il leur
étoit défendu de paroître aux affem-
blées avant cette cérémonie. Après la
réception de l'écu , il étoit défendu à
toute perfonne de paroître en public
fans cette arme : point d'affemblée ,
point de feftin , où ils fe trouvaffent
fans leurs boucliers. Ils frappoient fur
leurs boucliers pour applaudir à une action ou à un difcours , & cet ufage étoit
paffé chez les foldats Romains. Nous

apprenons d'*Amien Marcellin*, qu'après que l'Empereur *Conſtans* eut prononcé ſon diſcours lorſqu'il créa *Julien* Céſar, & l'aſſocia à l'Empire, l'armée frappa avec les genoux ſur les boucliers, en ſigne de joie ; car, ajoûte-t-il, lorſque les ſoldats frappent leurs boucliers avec leurs lances ou avec leurs épées, c'eſt ſigne de colere & de douleur. Lorſque nos ancêtres vouloient traverſer un fleuve, ils ſe couchoient, dit *Grégoire de Tours*, dans leur écu. Lorſqu'ils éliſoient un Général ou un Chef, ils élevoient ſur leur écu celui qui étoit élu, & le promenoient ainſi dans le camp & dans la ville : ce ſont là les premiers hommages qu'ils rendoient à leurs Rois, & les honneurs funèbres qu'ils faiſoient à ceux qui étoient morts pour la défenſe de la patrie.

Les écus étoient de bois. On préféroit le bois de frêne, de ſaule, d'aulne & de peuplier ; celui de figuier étoit plus eſtimé que les autres, à cauſe de ſa grande légéreté : on en faiſoit auſſi d'oziers entrelaſſés, qu'on couvroit de peaux de bêtes ; chacun, au témoignage de Ceſar, y faiſoit graver ou peindre la figure

qu'il

qu'il vouloit.] *Silius Italicus* dit que
Chrixus avoit fait peindre sur le sien la
prise du Capitole par les Gaulois ; cet
usage passa bientôt après chez les autres
peuples : car on voyoit sur les boucliers
des légions romaines , la marque de
chaque légion & le rang de chaque sol-
dat. On ne manquoit point aussi d'y
graver les actions glorieuses & éclatantes qu'ils avoient faites : ceux au contraire qui ne s'étoient point distingués ,
le portoient entierement blanc & sans
figure , *parmaque inglorius alba* , c'est-à-
dire bouclier blanc , sans honneur. Les
descriptions qu'*Homere* & *Virgile* nous
ont laissées des boucliers d'*Achille* &
d'*Enée* , prouvent l'ancienneté de cet
usage/Celui par qui *Lisandre* fut tué ,
portoit la figure d'un dragon ; l'Oracle
lui avoit en effet conseillé de se défier
& de se tenir sur ses gardes contre un
dragon. Plutarque parle de ce Lacéde-
monien , à qui l'on reprochoit d'avoir
mis sur son bouclier une figure aussi petite qu'une mouche , & qui répondit à
ses compagnons, qu'il approcheroit si
près de l'ennemi, qu'il pourroit aisé-
ment la distinguer.

Il n'étoit rien de plus infamant chez

Tome I. D

les Gaulois & chez les Grecs, que de perdre fon écu. *Tacite* rapporte des premiers, qu'ils ne pouvoient réfifter à ce deshonneur, & qu'ils fe tuoient. *Epaminondas* mourut content dès qu'il eut appris qu'on avoit retrouvé le fien.

Le bouclier étoit ordinairement couvert de peaux de bœufs en fept doubles : tantôt il étoit de figure ronde , tantôt ovale ; en ce dernier cas les bouts fe terminoient en pointe , on s'en fervoit pour faire la tortue.

La rondache étoit de figure ronde , dont le diametre étoit de trois pieds ; la parme étoit ronde , mais plus petite.

On voit un de ces écus entre deux enfeignes , fur une médaille de Tibere. Elle fut frappée lorfque cet Empereur reprit les aigles & les enfeignes que les Allemands avoient enlevé. On lit au milieu de cet écu ces trois lettres CL-V. c'eft-à--dire *clipeus votivus* ; il eft cantonné de ces quatre autres lettres , S. P. Q. R. avec ce mot au chef , *fignis* ; & en pointe , *receptis*.

L'écu étoit différent de la rondache , en ce qu'il étoit plus long que large. La rondache & la parme fe reffembloient en ce qu'ils étoient ronds , & l'écu étoit différent de ces deux sortes de boucliers , en ce qu'il étoit long & ovale. La rondache & la parme étoient ordinairement d'airain ; c'est ce que Virgile nous fait entendre par son *ardentes clipeos* , au lieu que les écus n'étoient que des ais colés ensemble , & couverts de peaux de bœufs , du moins chez les Romains , car les Gaulois en couvroient indifféremment leurs boucliers & leurs écus.

Il y avoit encore deux sortes de boucliers , *pelta* & *cetra*. Les *cetres* ressembloient à des cartouches , & les *peltes* étoient faites en croissant : ce qui est confirmé par ce vers de Virgile :

Ducit Amazonidum lunatis agmina peltis.

Les Romains appelloient les écus de forme ovale , *ancils* , & prétendoient qu'ils étoient descendus du ciel , *& capsa ancilia cœlo.* Lorsque du temps du Roi *Numa* , *Rome* fut désolée par la peste , un écu , au rapport de Plutarque , tomba du ciel ; le Prince voulut consulter sur ce prodige la Nymphe *Egerie* , de qui il apprenoit tous les mysteres de la Religion ; elle lui annonça les grandes merveilles que cet écu opéreroit à

D ij

l'avenir, & que le deſtin de Rome y étoit attaché ; elle lui conſeilla d'en faire onze autres ſemblables, & de les conſacrer au Dieu *Mars* : le Prince obéit, & la peſte ceſſa.

Après avoir ſuffiſamment parlé des écus dont les anciens ſe ſervoient à la guerre, il convient de parler de ceux qui ſervent au Blaſon, & que nous diviſons en anciens & nouveaux.

Les écus anciens, & qui ne ſont plus en uſage, ſont au nombre de quatre; le couché, le triangulaire, l'échancré & le quarré. L'écu couché avoit le timbre ou la tête poſée ſur l'angle gauche ; l'écu triangulaire étoit celui qui avoit trois angles ; l'échancré étoit fait ainſi pour retenir la lance dans les tournois ; le quarré ou la banniere étoit pour les Chevaliers bannerets, c'eſt-à-dire pour ceux qu'on créoit ſur le champ de bataille, & c'eſt le ſeul dont la figure ſoit encore en uſage; il eſt conſacré à l'Egliſe ſous le nom de banniere.

Les écus nouveaux ou modernes ſont, le pointu pour la France, l'arrondi pour l'Eſpagne & le Portugal, l'ovale pour l'Italie, le cartouche pour l'Allemagne & les Villes libres, l'accolé pour les familles & pour les femmes ; c'eſt pour leur faire entendre qu'elles doivent être attachées à leurs maris. L'écu en lozange eſt pour les filles, les veuves & les Abbeſſes ; il eſt des gens qui ont prétendu que les filles le portoient en lozange, parce que les Amazones le portoient de même ; fauſſeté prouvée par ce même vers de Virgile déja cité :

Ducit Amazonidum lunatis agmina peltis.

Les veuves qui portent l'écu en lozange, mettent une cordeliere autour ; ce qui doit les faire ſouvenir, qu'après la mort elles doivent être attachées de cœur & d'eſprit à celui qui pendant ſa vie a mérité leur tendreſſe. Cette délicateſſe ſi rare dans le chriſtianiſme étoit commune dans le paganiſme ; les Dames Romaines ſe faiſoient une gloire de n'épouſer qu'un homme.

Les écus liés ſont pour tout le monde, mais il n'y a que l'Electeur de Baviere qui les porte.

CHAPITRE X.

Des places honorables de l'Ecu.

L'E c u dans son étendue représente l'homme. Il semble que les Héraults ayent renfermé bien des mysteres sous la disposition des pièces qui entrent dans l'écu ; car ils leur ont donné , suivant leur situation , les noms des parties de l'homme.

Dans la distribution des parties , les principales places sont neuf , marquées par 1 , 2 , 3 , 4 , 5 , 6 , 7 , 8 , 9.

1 , 2 , 3 , représentent la tête de l'homme , & c'est ce qu'en Blason nous appellons chef. Le chef a trois parties , l'esprit , la mémoire & le jugement ; de sorte que quand nous voyons quelqu'un porter des armes en chef , nous présumons qu'il s'est distingué en qualité de Ministre , d'Ambassadeur , de Plénipotentiaire , ou qu'il a rendu quelque service important à la patrie , par sa sagesse & par ses lumieres.

Le 4 représente le col ; c'est la place la plus honorable de l'écu , parce que lorsque le Souverain veut honorer un sujet & le récompenser de ses services, il lui met une chaîne d'or ou un collier au col, pour lui faire ressentir qu'en reconnoissant les actions éclatantes qu'il a faites, il pretend se l'attacher plus intimement, en le liant par cette chaîne ou collier, à ses intérêts.

Le 5 signifie le cœur, ou le milieu de l'écu. Ceux qui portent les armes en cœur ne doivent jamais oublier que cette place honorable n'a été accordée à leurs ancêtres que comme une juste récompense de leurs actions glorieuses, & qu'ils ne doivent rien négliger, non seulement pour ne pas en ternir le lustre, mais encore pour l'augmenter.

Le 6 représente le nombril; c'est par cet endroit que nous avons reçu la nourriture dans le sein de nos meres : nous devons donc nous rappeller sans cesse que notre vie ne nous appartient point, que nous en devons le sacrifice à l'intérêt de Dieu, à la gloire de nos Princes & au salut de la patrie.

Le 7 représente le flanc droit, que l'homme présente toujours le premier au danger : il semble qu'il prétende couvrir de cette partie le reste du corps. Ceux qui portent leurs armes au flanc droit , doivent fe fouvenir que cette marque d'honneur ne leur a été accordée que pour avoir confervé la vie à leur Prince.

Le 8 repréfente le flanc gauche ; le 9 les pieds , qui font comme le foutien & le fymbole de la conftance dans les événemens de la vie ; ce qui fignifie que l'homme véritablement noble eft le même dans l'une & l'autre fortune.

CHAPITRE XI.

Des portions de l'Ecu.

CERTAINS Auteurs ont divifé l'écu en foixante & quatre quartiers ; ce grand nombre ne fait que jetter de la confufion : nous allons voir jufqu'où il convient de porter les partitions dans l'ordre du Blafon.

On fçait , ou du moins on doit fçavoir, que les partitions de l'écu viennent des coups de fabre qu'on donnoit fur les écus dans les joûtes & tournois , & dans les combats férieux.

Parti de haut en bas, & cette partition eft ordinairement pour les femmes, tant veuves que mariées, qui joignent leurs armes à celles de leur époux.

Le coupé se fait diamétralement, ou par le milieu.

Le tranché se fait de droite à gauche.
Le taillé de gauche à droite.

Lorsqu'un écu est parti de deux traits, ou ces deux traits sont paralleles, ou ils sont opposés.

Si les deux traits sont paralleles, ils font le tiercé, qui est de quatre sortes :

> Tiercé en pal,
> Tiercé en fasce,
> Tiercé en bande,
> Tiercé en barre.

Si les deux traits sont opposés, ou les deux traits sont du parti & du coupé, & font ce qu'on appelle écartelé, ou de quatre quartiers.

Ou les deux traits sont du tranché & du taillé, & c'est ce qu'on appelle écartelé en sautoir ou flanqué.

Si l'écu a les quatre partitions, c'est-à-dire s'il est parti, coupé, tranché, taillé, il est appellé parti de huit.

Quand l'écu a six quartiers, on dit parti d'un, & coupé de deux traits.

Lorsque l'écu est coupé de huit, autrement qu'en giron, on dit parti de trois traits & coupé d'un, ou bien de quatre quartiers, soutenu de quatre autres.

Quand l'écu est de dix, on dit parti de trois, & coupé d'un ou de cinq quartiers.

Lorsqu'il y en a douze, il faut dire parti de trois, & coupé de trois autres.

Quand il y en a seize, on dit parti de quatre, & coupé de quatre autres, ou bien écartelé & contre-écartelé.

Lorsqu'il y en a vingt, on dit parti de quatre, & coupé de six.

Quand il y en a trente-deux, il faut dire parti de neuf traits, & coupé de sept.

D'autres mettent les quartiers comme en bordure, & l'écusson comme en cœur & sur le tout.

CHAPITRE XII.

Des armes pures & simples, pleines & chargées.

ON appelle armes pleines celles qui n'ont ni figure ni trait, mais dont l'émail, c'est-à-dire le métal & la couleur, ou comme parloient les anciens, le champ de l'écu, sert de tout.

On appelle pures les armes primitives, simples & peu embrouillées, & qui font la plus noble partie de l'écu, quoiqu'elle en soit la plus petite. Les armes de cette espèce, obtenues par des actions glorieuses, sont plus honorables que les armes ornées de trente-six quartiers, & surchargées d'un nombre infini de figures. (

La simplicité des armes de France sert de preuve à ce que nous avançons. Nos Rois n'ont fait aucune augmentation ni changement à leur écu depuis tant de siécles. Si *Charles* VII a réduit le nombre des fleurs de lis à trois, ce n'a été que pour exprimer les trois races. Les armes d'*Angleterre*, d'*Allemagne*, de *Toscane* & de *Turquie*, prouvent clairement que moins les armes sont

chargées , plus elles font anciennes , &
conféquemment illuftres.

A Dieu ne plaife cependant que je
prétende ici diminuer le prix de beaucoup d'armes chargées ; il y en a dont
les augmentations des pièces font autant de preuves & de marques des actions éclatantes que certains Nobles qui
les ont ajoutées aux armes qu'ils portoient , ont faites.

Un particulier , par exemple , qui n'a
qu'un lion dans fes armes , peut avoir
fait quelque grande action , & le Souverain, pour lui en témoigner fa reconnoiffance , lui donnera le lion armé ,
lampaffé & couronné d'un autre émail.
La Maifon de *Pafqua* , à Gênes , porte
d'or , au lion d'azur , tenant une croix
de gueules à la patte gauche , pour avoir
maintenu la Religion. Les *Caftillons* , à
Milan, portent de gueules, au lion d'argent , foutenant de fa patte droite un
château d'or donjonné , parce qu'un de
leurs prédéceffeurs défendit avec un courage héroïque le château de *Milan*. On
fçait que les Princes tirent de leurs propres armes , pour en faire préfent aux
particuliers : nous en avons vu des
exemples dans la Maifon d'*Eftain* & de
Goulaine.

La Maison de *Toscane* portoit autrefois d'or aux cinq tourteaux de gueules, maintenant ils font furmontés d'un de France. Cette conceffion fut faite par Louis XII, en faveur de Pierre II, qui fe rangea de fôn parti en Italie, & le fervit fidellement.

La Maison de *Mendoza*, en *Efpagne*, porte les armes écartelées en fautoir, de finople & d'or ; le premier & le quatrième, qui font de finople, chargés d'une bande d'or, furchargés d'une cottice de gueules : le fecond & le troifième, qui font d'or, chargés des mots de l'Ange à la Sainte Vierge, *Ave Maria*, du côté droit, & *gratiâ plenâ*, du côté gauche d'azur. Un ancien de cette Maifon ajouta ces mots à fes armes, avec l'agrément du Roi d'Efpagne, parce qu'il avoit, fur le boulevart de la ville de *Grenade*, arboré l'étendart de l'armée chrétienne, où cette partie de la Salutation angélique étoit écrite. Ce fut à fon intrépidité que l'on dut la réduction de la ville & des Grenadins Maures qui la défendoient avec valeur, & leur converfion à la Religion chrétienne.

La Maison de *Kerman*, en Bretagne, portoit anciennement d'or au lion d'azur; mais un héros de cette Maison illustre chargea le lion fur l'épaule d'une tour roulante, parce qu'il avoit confervé une forterefſe contre la furprife & les efforts de plufieurs ennemis. Il défendit l'entrée de la porte qui avoit été abbatue, par le moyen d'une roue de charrete qu'il mit en travers : à la faveur de ce retranchement fingulier, il repouffa entierement les ennemis.

L'ancienne famille de *Salvarni*, en *Dauphiné*, porta d'or, à l'aigle déployé de fable, diadêmé, becqué & membré d'azur, jufqu'au temps de *Pierre Salvarni*, à qui *Philippe* de *Valois* accorda une bordure de France, parce qu'il étoit un de ceux qui avoit le plus contribué à l'union du Dauphiné à la Couronne.

La famille de *Deageant*, en *Dauphiné*, reçut de Louis XIII un écuffon de France, chargé d'une feule fleur de lys, pour être placé fur l'eftomac de l'aigle, déployé de fable, à caufe des grands fervices que le fieur *Deageant* avoit rendus à la Couronne.

Ainfi, lorfque nous avons dit que les armes compofées de beaucoup de piéces n'étoient pas bien illuftres, on

voit par les exceptions que nous venons
de faire, que nous n'avons entendu
parler que de ces Nobles de recrue, qui
chargent leurs écus sans sçavoir pourquoi, & qui prétendent masquer par
autant de pièces les défauts qui les ex-
cluent de la véritable noblesse.

CHAPITRE XIII.

Des Armes déchargées, brisées, rompues & notées d'infamie.

LA coutume qu'on observe encore
aujourd'hui au Japon à l'égard d'un
criminel, s'observoit anciennement à
l'égard des Nobles convaincus d'adultere, meurtre & vol. Dans le Japon un
criminel rend sa famille criminelle ; il
entraîne dans sa perte honteuse la vertu
& l'innocence même : le criminel est
forcé à s'ouvrir lui-même le ventre avec
un couteau, & ceux qui ont le malheur
de lui appartenir par les liens du sang,
font condamnés au même supplice.
Quoiqu'anciennement la famille ne fut
pas chez nous condamnée précisément
à la même peine que le Noble coupable, elle demeuroit cependant flé-

trie, notée d'infamie, fouillée & dégradée ; nos peres avoient fans doute
retenu cette coutume des Romains,
dont l'ufage étoit de punir féverement
la famille d'un traître. Nous voyons un
exemple mémorable de cette féverité
exercée contre *Séjan*, favori de *Tibere*.
Ce Miniftre, après avoir été déclaré
traître par l'Empereur, fut miférable-
ment affaffiné, traîné dans les rues de
Rome ; fon corps fut jetté dans le Tibre,
fes enfans furent condamnés à la mort,
& fa fille qui étoit promife au fils de
Clodius, du fang des *Céfars*, violée
par le bourreau, qui devoit enfuite l'é-
trangler, parce que les loix défendoient
de faire mourir une vierge par la voye
du fupplice. Si quelque Noble chez les
anciens François, trahiffoit fa patrie,
ou s'il faifoit quelqu'autre action indigne de fa nobleffe, fon nom & fa
perfonne étoient en exécration à toute
la Nation, qui le déclaroit infame.

Nous remarquerons en paffant que le
mot infame ne vient pas de *fine fœmina*,
comme l'ont prétendu quelques-uns,
qui difent que ceux d'entre les Hébreux
qui ne fe marioient point, étoient ré-
putés infames ; mais bien de *fine fama*,

c'eſt-à-dire ſans honneur, ſans réputation, ſans eſtime.

Les écus de ceux que l'on déclaroit infames, étoient rompus publiquement, leurs armes effacées & traînées à la queue d'un cheval dans les boues, pour marque d'ignominie éternelle. On caſſoit, la pointe en bas, la lame de leur épée ; on leur arrachoit les éperons avec violence, de même que leur baudrier & leur ceinture. On briſoit leur maſſe d'armes contre leur caſque ; on déchiroit & fouloit aux pieds leur cimier, leur bourlet & leur cotte d'armes ; on coupoit ſur le fumier la queue de leur cheval ; toute leur poſtérité étoit déclarée ignoble & roturiere ; on effaçoit leur nom de l'hiſtoire, afin qu'il ne fût plus connu parmi les hommes.

Henri Spelman rapporte que *Guillaume*, Comte d'*Eu*, fut accuſé par *Geoffroy Bainard* du crime de Leze-Majeſté envers *Guillaume*, Roi d'*Angleterre* ; que le Roi tint ſes Etats à *Saliſburi*, & permit le duel à l'accuſateur & à l'accuſé ; que dans le combat le premier fut vainqueur, que le vaincu bleſſé à mort eut les yeux arrachés, d'autres parties coupées, & que ſon Ecuyer fut pendu après avoir été fouetté ; ce qui arriva en 1096 , le 13 Janvier.

On lit dans la vie de Saint Louis, Roi de France , un trait remarquable de sa justice , en la personne de *Jean* d'*Avesne* , un des fils du premier lit de *Marguerite* , Comtesse de *Flandres*. Il étoit question de ce Comté entre lui & *Guillaume* de *Bourbon* , Seigneur de *Dampierre*, fils du second lit. Comme ils étoient tous les deux en présence du Roi, qui devoit décider ; Jean d'*Avesne* soupçonnant que sa mere favorisoit son frere, s'emporta contre elle , & lui dit des injures sans respecter le Roi. Ce pieux Monarque, étonné de cette impudence, le condamna à porter dans la suite le lion mort-né , c'est-à-dire sans griffes & sans langue , au lieu du lion lampassé & armé qui étoit dans ses armes ; ce qui fut une flétrissure éternelle pour les Comtes de Flandres.

Le *Feron* rapporte que *Jean* , frere de *Hebert* , Comte de *Vermandois* , fut privé de ce nom & de ses armes , pour crime de félonie , & qu'au lieu d'échiqueter d'or & d'azur , on le contraignit de porter à l'avenir de gueules , à la panthere d'argent , pour marquer la félonie dont cet animal eft l'emblême.

Quelques-uns prétendent que les fusées que plufieurs familles portent dans leurs armes, font des marques d'infamie, dont nos Rois très-Chrétiens punirent certains Nobles qui refterent chez eux au temps des Croifades, pour leur prouver qu'ils étoient plus propres à porter des fufeaux & à filer, que l'épée & à combattre. Je ferai voir dans la fuite que cette opinion porte à faux ; on verra ce dont les fufées ou fufeaux font l'emblême : d'ailleurs feroit-il bien croyable que tant de maifons illuftres les euffent confervées, fi elles étoient des marques d'infamie ?

Les brifures dans les armes font de certaines marques dont on fe fert pour diftinguer le pere des enfans, les enfans légitimes des bâtards, & les aînés des cadets. Les aînés ont de tout temps & chez toutes les Nations été préférés aux cadets; il n'eft pas poffible d'en douter après tous les artifices dont nous voyons *Jacob* fe fervir pour obtenir le droit d'aîneffe. Si les aînés ont les terres, les maifons, les feigneuries & les titres, il eft bien jufte qu'ils ayent auffi l'écu de la famille, & qu'ils y foient diftingués par la poffeffion des armes entieres, puifqu'ils en font les chefs. De forte que l'aîné fuccédant à fon pere, tient fa place jufqu'à ce que Dieu en ait difpofé ; fes enfans héritent de lui dans le même ordre de fucceffion ; ainfi les cadets font obligés d'ajouter quelques pièces aux armes de la famille. L'aîné de la Maifon royale porte feul les armes du Royaume ; fon fils nommé le Dauphin, les écartele de *Dauphiné* ; *Monfieur*, frere de Louis XIV, portoit un lambel ; la Maifon de Condé, un bâton peri.

✗ Comme les Héraults ont connu la néceffité des brifures, ils ont cru néceffaire de les déterminer, afin que non feulement on diftinguât l'aîné de fes freres, mais encore le fecond du troifième, le troifième du quatrième, & ainfi de fuite jufqu'au fixième inclufivement ; de forte que l'aîné porte les armes pleines ; le fecond, un lambel ; le troifième, une bordure ; le quatrième, un orle ; le cinquième, un bâton peri ; le fixième, une bande ou cottice. Lorfqu'il y a plus de fix enfans mariés, le chef, le canton, la pointe fervent d brisure. Les Chevaliers & les Ecclésiastiques peuvent porter les armes pleines, parce qu'il n'y a point de suite après eux. Si les puînés ont des enfans, que selon quelques-uns on nomme assaillans, ces enfans doivent prendre des doubles brisures, ou sous-brisures, comme la bordure chargée, dentelée, ou componée. Si c'étoit, par exemple, le second fils, il pourroit porter les armes de la famille, avec le lambel à un pendant; le troisième à deux, & le quatrième à trois. Les enfans de France se sont servis de ces mêmes brisures, dans la même forme dont nous venons de parler.

Le Duc de Bourgogne portoit la bordure componée d'argent & de gueules.

Le Duc de Berri, la bordure engreslée.

Le Duc d'Anjou, la bordure de gueules.

Le Duc d'Orléans portoit le lambel d'argent à trois pendans.

La branche de Condé porte le bâton peri, ou alaisé, ou en cœur, ou en abysme de brisures.

Les légitimés de la Maison royale portent le filet de gauche à droite, pour marque de leur origine.

Il faut cependant observer que les cadets & les puînés des familles ont le choix des brisures ; car celles dont nous avons parlé, quoique plus reçues par l'usage, ne sont cependant point de règle positive ; c'est la raison qui nous doit guider dans notre choix. Si un cadet portoit pour brisure un chevron ou une croix, il seroit ridicule d'ajouter à ces armes un bâton peri, il le seroit encore bien plus & même téméraire de prendre pour brisure quelque partie des armes royales ; par exemple, en France de prendre une fleur de lys ; en Allemagne, un aigle ; en Espagne, des châteaux & des lions, ou en Angleterre, des léopards.

On voit beaucoup de gens briser leurs armes en les changeant seulement de situation ; comme si l'on mettoit les trois fleurs de lys en chef, en pal, en fasce ou en bande. D'autres les brisent en les diminuant ; par exemple, une croix, ils la pendent racourcie ; d'autres en changeant le métal, comme la Maison de *Molac*, en *Bretagne*, qui porte de gueules, à sept macles d'argent ; & les cadets, qui sont de *Rohan*, portent de gueules à sept macles d'or.

La Maison de *Clermont*, en *Dauphiné*, qui porte de sable, à deux clefs d'argent, a obligé ceux de *Savoye*, ses cadets, de prendre de sable, aux deux clefs d'or passées en sautoir. La même Maison a obligé celle de *Chatte*, issue des mêmes Clermont, de retrancher une clef, & de porter de gueules, à la clef d'argent en bande. *Glosse*, qui porte gironné d'or & de sable, a obligé les Comtes de *Vireville*, *Montbreton*, & *Mépieve*, de porter gironné d'argent & de sable. Nous voyons qu'une branche de la Maison de *Vire*, en *Dauphiné*, porte une bande chargée de trois étoiles, au lieu que les cadets ne l'ont chargée que d'une.

On voit par tous ces exemples qu'il n'est permis qu'aux aînés des Maisons de porter les armes pleines & sans brisure. *Carondas* dans ses *Pandectes*, fait mention d'un arrêt du Parlement de *Paris*, donné à ce sujet en 1531, qui ordonne que les Héraults seront ouis, en effet il s'agissoit d'une affaire de leur compétence.

Quant à l'origine des brisures, on n'en peut dire rien de certain, & les

Auteurs paroiſſent très-partagés. *Pradin* prétend que *Robert*, Comte d'*Anjou*, de la lignée des *Capets*, a été le premier qui ait porté les armes de France en briſure, qui étoient alors d'azur, ſemées de fleurs de lys d'or, & qu'il y a ajouté pour briſure une bordure de gueules.

Suivant le Préſident *Fauchet*, les armes ne devinrent héréditaires dans les familles du Royaume que depuis le regne de Louis le Gros, qui parvint au thrône en 1110. *Philippe Moreau* dit que l'uſage des briſures commença ſous Saint Louis ; M. de *la Roque* eſt du même ſentiment. *François* l'*Allouette* & *Belleforêt* rapportent que *Philippe Auguſte* ordonna à tous les Enfans de France de porter en ſe mariant les armes de France écartelées, avec celles de leurs épouſes ; car on aſſure qu'avant ce temps il n'y avoit que le Roi qui portât les armes de France, & que les fils de France & les autres Princes du Sang royal portoient ſeulement les armes de leurs Duchés ou Comtés.

On fait donc la briſure, ou en changeant les pièces de ſituation, ou en en ajoutant de nouvelles, ou en en retranchant. Les pièces qu'on ajoute ſont

de

de deux fortes, honorables, & moins honorables : les honorables font fix,

Le Lambel à 1, 2, 3, 4, 5 pendans,
la Bordure,
le Franc-quartier,
la Cottice,
le Bâton peri,
le Filet.

Les pièces les moins honorables font :
les Molettes,
les Etoiles,
les Croiffans,
les Diamans,
les Rofes,
les Couronnes.

Quelques-uns brifent leurs armes en y écartelant celles d'une famille à laquelle ils font alliés. Les Chevaliers de Malthe portent en chef pour brifure, les armes de cette Religion ; d'autres en changent les émaux, en retenant les pièces ; d'autres changent les pièces & retiennent les émaux.

Depuis que les bâtards ont eu la permiffion de porter les mêmes armes que leurs peres, ce qui autrefois n'étoit point permis, ils portent le bâton peri ou le filet en barre, ou contre-bande,

d'où est venue cette façon de parler, il
est de *contrebande*, comme qui diroit,
il est du côté gauche; parce qu'anciennement on obligeoit les bâtards à contourner le casque, & à placer la visiere
du côté gauche.

On demande si lorsque les brisures
sont du même émail que le fond, les
armes ne sont point fausses; je réponds
que non. Cette liberté a été permise
autrefois, & l'est encore aujourd'hui
dans les armes des Princes du Sang, qui
ont porté leurs bâtons peri, leurs cottices & leurs bordures d'azur sur azur.

CHAPITRE XIV.

Des ornemens de l'Ecu.

LE s ornemens sont placés ou au dessus, ou à côté, ou au bas, ou autour, ou au derriere de l'écu.

On place au dessus de l'écu,

les Casques,	les Thiares,
les Couronnes,	les Chapeaux,
les Cimiers,	les Mitres.
les Devises,	

On met à côté de l'écu,

les Tenans,
les Supports.

Autour de l'écu sont ;

les Cordons,
les Colliers.

Les Anciens plaçoient au bas des écus les marques de   dignité,
charges,
honneur :
comme crosses, &c.

On met derriere l'écu,

les Bâtons de Maréchaux,
les Massues,
les Epées.

Le tout sous un pavillon, environné d'un manteau, selon la qualité ou dignité de la personne.

Puisque, comme nous l'avons déjà dit, la tête est la partie la plus noble de l'homme, il est certain que le casque est la plus noble partie des armes d'un Chevalier ; ce qui est assez conforme à la raison, puisqu'il garantit cette partie d'où sortent les stratagêmes, les entreprises, les desseins & les conseils.

Il y a trois sortes de couronnement pour l'écu ;

le Royal,
l'Ecclésiastique,
le Noble.

Ce qui répond aux trois sortes de dignité que l'on voit dans les états. La moins élevée de ces trois, c'est la Noblesse simple, à laquelle on donne le casque pour couronnement de l'écu : on l'appelle aussi heaume ou timbre, parce qu'il avoit autrefois la forme d'un timbre de pendule. On faisoit aussi des casques qui ressembloient à un petit bassin, c'est pourquoi on les nomma bassinets, d'où vient qu'anciennement on disoit dans les armées, j'ai tant de bassinets dans ma compagnie, au lieu de dire tant de soldats. On voyoit aussi plusieurs autres espèces de casque, qui avoient rapport aux différens dégrés de Noblesse, & la différente position des casques en marquoit les différeus états ; mais on s'en tint ensuite à l'invention ingénieuse des grilles. Il est vraiqu'aujourd'hui on s'est soustrait à cette règle, & que comme chacun prend le casque qui lui plaît, il y a une confusion extraordinaire dans cette partie des armes ; abus qu'on devroit réformer.

Autrefois la plus petite pièce dans les armes, le plus petit rien cachoit une grande maxime. Celui, par exemple, qui par son mérite étoit nouvellement annobli, portoit sur l'écu les armes qu'on lui avoit données ; le casque d'acier ou de fer reluisant étoit posé en profil , avec le nazal & l'éventail un peu ouvert : par là on lui apprenoit qu'il étoit le premier de sa race , qu'il n'avoit rien à voir sur les actions d'autrui , & qu'il devoit bien plutôt s'attacher à obéir avec soumission , qu'à commander avec hauteur. Si l'on faisoit revivre ce sage usage & cette salutaire leçon en faveur des nouveaux Nobles, on les forceroit peut-être à sortir de leur mollesse orgueilleuse , & à se rendre dignes d'une noblesse qu'ils n'ont acquise par aucune action éclatante , car qu'est-ce qu'une noblesse simplement achetée ? un corps sans ame.

Le Gentilhomme de trois races , tant paternelles que maternelles , portoit son casque posé en profil , la visiere ouverte , le nazal relevé , & l'éventail baissé , montrant trois grilles à la visiere , pour marquer ses trois races.

Le Gentilhomme ancien , qui avoit

servi son Prince dans les négociations ou dans les charges militaires, portoit sur son écu un casque d'acier poli, montrant cinq grilles, posé en tierce ou moitié en profil, moitié de front, chargé d'une couronne ou cercle d'or, environné d'un bourlet de chevalerie, qui étoit composé des couleurs de sa maîtresse ou des émaux de ses armes.

Celui de Baron étoit d'argent, liséré d'or, à sept grilles, posé en tierce, chargé d'une couronne ou cercle d'or environné d'un bourlet de perles, & c'est ce qu'on appelle aujourd'hui bonnet de Baron.

Les Comtes, les Vidames & les Vicomtes posoient sur l'écu de leurs armes un casque d'argent, à neuf grilles d'or, posé en tierce; ils le tarent aujourd'hui de front, & l'ornent de leurs couronnes.

Les Marquis posoient sur leur écu un casque d'argent damasquiné, taré de front, à onze grilles d'or, liséré d'or & couronné de leurs couronnes.

Les Princes & les Ducs portent sur leurs écus des casques d'or damasquinés, posés de front, la visiere presque ouverte & sans grilles, couronnés de leurs couronnes. Si la visiere n'est point entierement ouverte, ce n'est que pour montrer qu'ils relevent du Souverain dont ils sont sujets.

Le casque royal ou impérial est tout d'or, brodé & damasquiné, taré de front, la visiere entierement ouverte & sans grille, parce que les Rois doivent tout voir, tout sçavoir, & commander sans obstacle à tous leurs sujets. Aussi le casque taré de front & ouvert est-il le symbole de la puissance suprême, qui ne releve & ne dépend que de Dieu.

Les bâtards, qui autrefois étoient obligés de contourner leur casque à gauche, ne devoient, selon quelques Auteurs, montrer que le derriere du casque.

CHAPITRE XV.

Des Couronnes.

LE mot couronne vient du mot corne. L'histoire sainte & l'histoire profane nous apprennent que les personnes qui étoient revêtues de certaines dignités, portoient des cornes, ou du moins un bonnet en forme de cornes :

cornu ejus exaltabitur in gloria, dit le Pfalmiste ; c'eſt pourquoi *Moyſe* eſt repréſenté avec deux cornes : ceux qui entendent l'hébreu ſçavent que corne & couronne ſont ſynonimes.

Jupiter Ammon étoit adoré en *Libïe* ſous la figure d'un bélier ; en *Grece*, ſous la figure d'un taureau ; en *Egypte*, ſous celle d'*Apis*, qui étoit auſſi un taureau, parce que ces animaux ont des cornes. On repréſentoit le Dieu *Mars* & la Déeſſe *Diane* avec des cornes ; celle-ci étoit adorée des Anciens, ayant la figure d'un croiſſant ſur le front. Les Augures prédiſoient à ceux qui rêvoient de cornes, qu'ils étoient ſur le point de parvenir à quelque dignité éminente. C'eſt auſſi cette corne dont *Hercule* fit préſent aux Nymphes, & c'eſt la même d'*Amalthée* ou d'abondance, que Jupiter mit autrefois entre les mains de la Vertu, pour la diſtribuer aux hommes, & qui s'eſt trouvée dans la ſuite dans les mains de la Fortune.

Mais le mot corne & le mot tyran ſont devenus ſi odieux, que les gens les plus élevés en dignité qui portoient des cornes ſur leurs têtes, comme des marques de leur puiſſance, devinrent la risée du peuple, parce que leurs femmes menoient une vie libertine pendant qu'ils étoient occupés au bien public & à repousser les ennemis ; c'est ce qui a déterminé les Princes à substituer des couronnes aux cornes, qui étoient les marques de leur autorité.

Au commencement la couronne étoit une espéce de bandeau, qui fut appellé royal, parce qu'il n'étoit permis qu'aux Princes souverains de le porter. On appelloit ce bandeau diadême, qui vient du mot *desmos*, qui signifie lien, parce que c'étoit une bande de toile blanche ou de couleur de pourpre, dont les Rois se bandoient la tête, pour marquer qu'en prenant le diadême, ils étoient liés & attachés uniquement au gouvernement de l'état.

On voit par ce trait d'histoire d'*A-lexandre* & de *Lisimachus*, qu'on faisoit plusieurs tours à la tête avec le diadême. Le cheval d'*Alexandre* ayant pris le mors aux dens, il emporta son maître fort loin ; *Lisimachus* fut le seul des courtisans qui pût suivre son maî-tre : comme il arrêtoit le cheval, il fut blessé à la tête par la demi-pique d'*A-lexandre* ; ce Prince ôta son bandeau

& s'en fervit pour bander la playe : on augura de cet événement que *Lifima-chus* regneroit.

Prothée, Roi des Egyptiens, ornoit fon diadême des têtes de différens animaux, pour fe rendre plus terrible ; ce qui a donné lieu à la fable, que Prothée changeoit de figures quand il vouloit.

Les Rois portoient, outre le diadême, des efpèces de couronnes ouvertes. *Virgile* affure que *Latinus*, dernier Roi des Latins, portoit une couronne d'or à douze rayons, pour faire entendre qu'il étoit petit-fils du foleil.

Diodore de Sicile rapporte que le pavillon & le cafque d'*Alexandre* le Grand étoit orné d'une couronne d'or. L'écriture nous apprend que *David* gagna fur le Roi *Melchom* une couronne d'or enrichie de pierres précieufés, & dont il fe couronna. *Salomon* fon fils en prit une d'or ornée de pierreries ; mais toutes ces couronnes étoient ouvertes. Les Souverains les porterent dans la fuite fermées. L'ordre que nous nous fommes prefcrit, exige que nous parlions auparavant des couronnes anciennes.

Confucius, ce grand Philosophe de la Chine, à qui il ne manquoit que d'être chrétien pour être vrai Philosophe, disoit, & après lui plusieurs autres illustres personnages, que la vertu avoit son temple sur un rocher escarpé, & qu'il étoit ouvert à tout le monde ; mais que l'accès en étoit difficile à cause des précipices dont il étoit environné, & à cause de beaucoup d'autres obstacles qu'il falloit surmonter pour gagner la cime de la montagne ; qu'il n'y avoit que les esprits forts & courageux qui pussent y parvenir : & pour exciter tout le monde à entrer dans ce temple, on proposa plusieurs sortes de couronnes pour récompenser ceux qui y entreroient.

On donnoit la couronne de laurier à tous ceux qui étoient victorieux de leurs ennemis. *Apollon* fut le premier qui la prit, après qu'il eût tué le serpent *Python* : *Daphné* fut changée en laurier, pour marque du triomphe de sa virginité. On remarque que le laurier étoit en si grande estime chez les Romains, que leurs Empereurs en faisoient planter devant leur palais. Les Naturalistes prétendent qu'il n'est jamais frappé de la foudre. Les Augures & les Devins disent qu'il sert à découvrir les choses futures ; & comme il pétille en mourant, on le prend pour l'emblême du vainqueur, qui triomphe en rendant le dernier soupir ; ce qui arriva à *Epaminondas*, & à *Gustave Adolphe*.

On donnoit aussi aux Poëtes & aux Orateurs une couronne de laurier, pour faire voir que les ouvrages de ces grands génies étoient à l'épreuve du tems, & qu'ils avoient consacré leurs travaux à l'immortalité, dont le laurier est le symbole, puisqu'il conserve sa verdure malgré les rigueurs de l'hiver.

Les premiers *Césars* porterent des couronnes de laurier, depuis que *Livie*, femme d'Auguste, se reposant un jour dans un jardin de sa maison à *Véjente*, vit un aigle qui en volant, laissa tomber dans les pans de sa robbe une poule blanche, tenant à son bec une branche de laurier. Ce prodige fut regardé comme de bon augure : cette Princesse fit nourrir la poule, qui multiplia beaucoup, puisque, suivant *Suetone*, le bourg fut nommé le Bourg aux poules. Elle fit planter aussi la branche de laur e, qui profita si bien, qu'il fournissoit suffisamment pour les couronnes des Empereurs triomphans. Cette race des Césars manqua dans la suite ; le laurier flétrit & mourut avec les poules.

La couronne de laurier fut dans la suite consacrée à ceux qui obtenoient l'honneur du triomphe ; on l'appella couronne triomphale. Nous pouvons remarquer en passant qu'il y avoit deux sortes de triomphes, le grand & le petit, celui-ci étoit appellé ovation ; on l'accordoit à celui qui avoit fait rentrer dans le devoir quelque province, ou qui avoit châtié quelques rebelles, ou appaisé quelque sédition populaire. On conduisoit à cheval au Capitole celui qui l'avoit méritée ; il étoit accompagné de Tribuns & de Chevaliers Romains, & l'on immoloit des brebis.

On accordoit le grand triomphe à celui qui avoit vaincu les ennemis de la République en bataille rangée, & il falloit qu'il restât sur le champ cinq mille hommes, sans avoir souffert de son côté une perte considérable. Le triomphateur étoit sur un char, il étoit accompagné des Chevaliers & Senateurs Romains au Capitole, où l'on immo-

loit des taureaux , & c'eſt de cet uſage
qu'eſt venu le mot *triomphe*.

+ *Lucullus* fut le premier qui mit des
pierreries à la couronne de laurier. On
ſe contenta dans la ſuite au lieu de laurier , d'en faire graver les feuilles ſur
un cercle d'or , dont les bords furent
enrichis de pierreries ; ce qui fut porté
à la place de couronne de laurier.

On donnoit la couronne à celui qui
avoit ſoutenu ou fait lever un ſiége, &
on l'appelloit couronne obſidionnale.
Fabius Maximus l'obtint , après avoir
fait lever à *Annibal* le ſiége de *Rome.*
On remarque que *Pline* en faiſoit beaucoup plus de cas que des autres. Elle
étoit compoſée de chiendent , parce que
ce ſimple eſt dédié à Mars : on l'appelloit auſſi couronne d'herbes , parce
qu'on la compoſoit quelquefois des premieres herbes que l'on trouvoit.

✗ On accordoit la couronne à celui qui
délivroit un citoyen des mains de l'ennemi ; c'eſt pourquoi on l'appelloit
couronne civique : elle étoit compoſée
de feuilles de chêne ; *Ciceron* l'obtint
après avoir découvert la conſpiration de
Catilina.

✗ On donnoit la couronne à celui qui

montoit le premier fur la bréche , ou fur le mur de la ville ennemie : on la nommoit murale. *Suétone* dit que le plus fimple foldat en pouvoit être honoré comme le Général , s'il pouvoit prouver , par le témoignage de fes camarades , qu'il étoit le premier qui fût entré dans la ville : on gravoit fur le cercle de cette couronne , des lions , parce que cet animal eft le fymbole de la générofité & de la valeur.

Charles VII attaqua en 1441 par différens endroits la ville de Pontoife ; il fit donner un affaut général , il l'emporta de force. Il fit venir en fa préfence ceux qui avoient gagné les premiers le mur , il annoblit ceux d'entr'eux qui n'étoient point nobles , & leur donna pour armes des tours de divers émaux. *Guillaume Dalmas* , Gentilhomme de *Rouergue* , Ecuyer du Comte de la Marche , étant monté le premier fur la bréche de la ville de *Roye* , en Picardie , reçut la permiffion lui & tous fes defcendans , de porter une couronne murale , comme une récompenfe dûe à une action dont il vouloit éternifer la mémoire.

Le Général d'armée accordoit la cou-

ronne à celui qui forçoit le camp ou le
retranchement de l'ennemi, ou qui ren-
verſoit la paliſſade d'une place aſſié-
gée ; c'eſt pourquoi on l'appelloit caſ-
trenſe, vallaire ou palliſſée : cette couronne étoit d'or, relevée de pals-cloués
au cercle.

On accordoit la couronne à ceux qui
ſautoient les premiers dans un vaiſſeau
ennemi, & qui s'en rendoient maîtres,
& à ceux qui mettoient les premiers
pied à terre dans une iſle, malgré la vi-
goureuſe réſiſtance des Inſulaires ; on
l'appelloit couronne navale : elle étoit
d'or, ornée de poupes & de proues de
navire. *Pompée* fut le premier qui la donna ; & *Térence Varron* fut le premier qui
la reçut de ce Prince : Auguſte la donna
à *Agrippa*, après le gain de la bataille
donnée ſur les côtes de la Sicile.

Les *Athéniens*, long-temps avant les
Romains, avoient honoré de la couronne
navale ceux qui les premiers avoient
mis des vaiſſeaux en mer pour leur ſervice. Ceux qui ſe fortifioient dans une
iſle contre les Inſulaires, portoient ſur
le cercle de la couronne un eſcarbot
gravé ; ils le regardoient comme l'emblême de la valeur navale : cet animal

n'étoit dédié à la lune qui préfidoit à la
mer.

On voit que chez les Anciens il y
avoit beaucoup d'autres couronnes outre les couronnes militaires.

Les *Grecs* couronnoient de branches
d'olivier ceux qui étoient vainqueurs
aux Jeux Olympiques.

Les *Romains* récompenfoient d'une
femblable couronne ceux qui par leurs
lumières & la fageffe de leur conduite,
procuroient la paix à l'Etat.

On donnoit une couronne d'ache ou
de grand perfil, à ceux qui rempor-
toient le prix aux jeux Néméens, ainfi
appellés à caufe de la forêt de Némée
où on le difputoit.

On honoroit de la couronne de pin
ceux qui fortoient victorieux des Jeux
Ifthmiens, inftitués à l'honneur de
Mélicerte, qui ayant été emporté, enfuite expofé fur le rivage de la mer par
un dauphin, fut enfeveli dans l'Ifthme
où il avoit inftitué ces fêtes.

Selon *Pindare*, ceux qui rempor-
toient le prix aux Jeux Ioliens étoient
couronnés de myrte : ces Jeux furent
établis par les *Thébains*, qui révéroient
la mémoire d'Iolus.

On donnoit aussi chez les *Romains*
une couronne de myrte aux Généraux
d'armée, qui sans effusion de sang
domptoient les ennemis, ou qui par
adresse se rendoient maîtres de quelque
place, avec cette différence cependant
que la couronne étoit ovale.

Saturne étoit couronné de feuilles de
vignes, dont le fruit noir & blanc représente le temps.

Jupiter, de chêne.

Junon, de feuilles de coin, parce
que cet arbre présidoit aux mariages.

Neptune, de joncs marins.

Pluton, de cyprès.

Apollon, de laurier.

Pallas, de feuilles d'olivier.

Bacchus, de feuilles de vignes, en-
tremêlées de feuilles de lierre.

Venus, de myrte.

Mercure, de lierre, d'olivier & de
meurier.

Le Dieu *Hymenée*, de buis & de
fleurs d'orange.

Momus, de feuilles d'amandier.

Diane, de feuilles de saule.

La *Fortune*, de feuilles de sapin.

Apollon, de feuilles de pin.

Enfin l'usage des couronnes étoit si

commun parmi les Anciens, qu'ils se couronnoient même dans leurs plaisirs & dans leurs festins.

Je remarque que les Empereurs Romains n'oserent point d'abord se servir des couronnes d'or, parce que le peuple les regardoit comme des marques non équivoques de la royauté que l'on détestoit. Les Romains ne souffroient parmi eux que les couronnes militaires, comme seules capables d'inspirer l'amour de la gloire, de l'honneur & de la vertu.

Domitien fut le premier qui porta une couronne d'or, à la façon des Rois; mais il ne hazarda cette liberté qu'aux Jeux publics & dans une Tragédie, où il faisoit le personnage d'un Dieu. La couronne d'or que *Marc Antoine* mit au cirque sur la tête de *Jules César*, coûta la vie à ce Prince.

Si *Héliogabale* porta une couronne d'or fleuronnée, il ne la prit que comme Prêtre du Soleil : *Lampride* remarque qu'il n'osa jamais la porter en public ; mais comme l'autorité des Empereurs augmenta dans la suite à mesure que le Sénat perdoit de son crédit, l'Empereur *Aurele* fit faire une couronne d'or enri-

chie de pierreries , qu'il porta toujours
en public : ses successeurs l'imiterent.

Constantin pour abolir entierement le
culte superstitie des idoles , ne voulut
plus qu'on honorât les triomphateurs de
la couronne de laurier.

Les Rois de France de la premiere
race ne portoient point des couronnes ,
mais bien des simples cercles d'or ou
diadêmes , qu'ils mettoient sur leurs
casques. *Charlemagne* fut le premier,
qui comme Roi & Empereur , fit faire
une couronne d'or enrichie de pierreries , à quatre fleurons de lys : on la fait
voir encore au thrésor de *S. Denis.* On
la met sur la tête de nos Rois le jour de
leur sacre , avant que de les couronner
de la couronne impériale & françoise ,
qui est fermée de huit demi-diadêmes.

Nos Rois ont porté la couronne ouverte jusques à François I , qui la ferma
à l'occasion des démêlés qu'il eut avec
Charles Quint. Quelques-uns prétendent que c'est Charles VIII , & ceux
qui veulent que ce soit Henri II , disent
que les Princes Allemands le déclarerent
protecteur du Saint-Empire contre les
violences de Charles Quint.

Les Dauphins , fils aînés de n os Rois ,

la portent fermée comme leRoi, pour
marquer qu'ils font héritiers préfomp-
tifs de la couronne. Il y a cependant
une différence, le Roi porte une couronne fermée de huit demi-diadêmes,
& le Dauphin n'a que quatre demi-diadêmes, qui font des dauphins.

Les freres ou les puînés de France
portent la couronne de huit hautes
fleurs de lys d'or, le cercle enrichi de
pierreries; mais elle n'eſt pas fermée
comme celle du Roi & du Dauphin.

Les Princes du Sang Royal de France
portent leurs couronnes toutes d'or, rehauſſées de quatre fleurs de lys & de
quatre fleurons; le cercle enrichi de
pierreries : ce qui ſignifie qu'ils font
capables de monter ſur le thrône.

Les Ducs & Pairs portent leurs couronnes toutes d'or, rehauſſées de huit
fleurons, & le cercle orné de pierreries :
leurs fils portent la couronne de même,
avec cette différence, qu'il y a une petite perle entre chaque fleuron.

Les Maréchaux de France devroient
porter auſſi des couronnes à huit fleurons, dont quatre d'or & quatre d'argent ; mais on ne le pratique point
dans leurs armoiries, & je ne ſçais

quelle en peut être la raison.

Les Ducs qui ne font pas Pairs, portent dans leurs armes des couronnes femblables à celles des Pairs, mais ils n'en mettent point fur leur tête au facre & couronnement de nos Rois ; les Pairs au contraire en mettent.

Les Marquis ont des couronnes d'or, rehauffées de quatre fleurons, & trois perles entre chaque fleuron ; ce qui fait douze perles : le cercle eft orné de pierreries.

Les Comtes ont une couronne d'or, rehauffée de neuf groffes perles, le cercle orné de pierreries.

Les Vidames portent une couronne d'or ornée de pierreries, greffée de perles, furmontée de quatre croix patées.

Les Vicomtes portent une couronne d'or émaillée, rehauffée de quatre groffes perles.

Les Barons ont pour couronne un bracelet d'or émaillé, environné d'un bracelet de perles enfilées.

Les Paladins & les fameux Chevaliers fe fervoient anciennement de chapelets de perles, femblables à nos *patenotres*, pour entortiller leurs cheveux pendant l'été. *Edouard*, Roi d'Angleterre, don-

na un semblable chapelet à *Ribaumont*,
son prisonnier de guerre, comme à
celui qui avoit combattu avec plus de
valeur ; ce que *Froissant* confirme, lorfqu'il rapporte ces paroles du Prince de
Galles au Roi Jean. On nous donne,
dit le Prince, le prix & le chapelet de
prouesse. *Jean le Maire*, dans la description d'un tournois, dit qu'on donnoit
au vainqueur un riche chapeau de perles.

Les Bannerets portoient autrefois sur
leurs armes un cercle d'or sans être
émaillé, garni au dehors de trois perles. Les Chevaliers simples Gentils-
hommes, portoient sur leurs casques un
bourlet, composé de divers rubans ou
cordons des couleurs de leurs maîtresses,
ou des émaux de leurs armes, qu'ils laif-
soient voltiger derriere leurs casques.

La couronne des Empereurs est fermée & rehaussée en forme de mitre.
Il y a entre les deux pointes un diadême,
surmonté d'une boule ronde & d'une
croix de perles : cette disposition doit
faire entendre qu'ils sont Empereurs du
monde chrétien. Ils reçoivent cette
couronne à Rome des mains du Souverain Pontife. On doit observer que les
Empereurs sont couronnés de trois cou-

ronnes, qu'ils reçoivent, l'une à *Aix-la-Chapelle*, l'autre à *Milan*, & latroifiè-me, comme nous l'avons dit, à*Rome*.

Ils alloient autrefois eux-mêmes les prendre dans ces trois villes ; mais depuis qu'ils ont fecoué le joug tyrannique des anciens Pontifes, ils font la cérémonie des trois couronnemens dans le même lieu où fe trouve le Légat du Pape ; c'eft à préfent à Francfort. On prétend que les deux pointes de la mitre fignifient les Seigneuries de *Dannemarck* & de *Bohême*, érigées en Royaumes par l'Empereur *Frédéric*.

Les Rois d'Angleterre ne portent qu'une couronne, mais ils en font mettre trois autres près d'eux ; elles repréfentent les Royaumes de *France*, d'E-*coffe* & d'Irlande. Nous avons un femblable exemple dans l'antiquité : *Artabanus*, Roi des Parthes, après avoir vaincu les Perfes, porta deux diadêmes à la fois.

La couronne des Rois d'*Angleterre* eft rehauffée de quatre fleurs de lys, à caufe de la prétention imaginaire qu'ils ont fur le Royaume de *France* ; & de quatre croix de *Malthe*, à caufe du titre qu'ils portent de défenfeurs de la foi ;

elle eſt couverte de quatre demi-diadêmes, aboutiſſans à un globe recroiſeté
d'une pareille croix de *Malthe*.

La couronne des Rois d'*Eſpagne* eſt re-
hauſſée de fleurons & de huit demi-diadêmes d'or, aboutiſſans à un globe croiſé
qui eſt ſur le haut de la couronne : ils ont
ce globe & le titre de Très-catholiques
depuis qu'ils ont chaſſé les infidéles de
leur domination.

La couronne des Ducs de Savoye eſt
fermée de quatre barreaux & de deux
demi-cercles couverts de perles, aboutiſſans à un globe ſurmonté d'une croix
trefflée, qui eſt celle de *S. Maurice.*
Victor Amedée, Duc de Savoye, prit
cette couronne avec le titre d'Alteſſe
Royale, à l'imitation des Ducs de *Ve-*
niſe, qui ſe qualifierent Rois de *Chypre*,
& firent porter à Rome la Couronne
fermée par leur Ambaſſadeur, qui de-
manda d'être reconnu en cette qualité
& d'avoir ſon audience dans la ſalle des
Rois. Les Ducs de *Savoye*, qui ſe di-
ſoient auſſi Rois de *Chypre*, demande-
rent les mêmes honneurs ; ils les obtin-
rent. La Maiſon de *Savoye*, qui eſt ori-
ginaire d'Allemagne, eſt très-ancienne,

Tome I. F

& alliée à toutes les Maifons fouve-
raines de l'Europe.

Les Grands Ducs de *Tofcane* portent
une couronne d'or, relevée de plufieurs
pointes ou rayons aigus, à peu près
comme les anciennes couronnes royales,
excepté qu'ils font un peu courbés, &
qu'il y en a plufieurs qui fe terminent
en fleurs de lys, parce qu'ils en portent
dans leurs armes par conceffion de nos
Rois ; elle eft rehauffée de deux fleurs
de lys épanouies.

La couronne des Archiducs d'*Autriche* eft fermée en haut d'un bonnet rond
d'écarlate, environné d'un cercle d'or,
relevé de huit fleurons & demi-diadêmes, de deux demi-cercles d'or abou-
tiffans à un globe croifeté d'or, comme
celui des Empereurs.

Les Electeurs de l'Empire portent un
bonnet d'écarlate, rebrouffé d'hermine,
diadêmé de deux demi-cercles d'or,
couverts de perles, rehauffé d'un cein-
tre croifeté d'or ; ce qui fignifie que les
Empereurs font élus par leurs fuffrages.

Les Ducs ou Doges de *Venife* portoient
autrefois un bonnet pointu de toile
d'or, environné d'un cercle d'or couvert de pierreries, avec des grandes

oreillettes ou pendans pointus aux deux
côtés : ils portent préfentement la couronne fermée comme Rois de *Chypre*.

Le Grand Seigneur ou Empereur des
Turcs porte un turban creux en dedans,
couvert d'une toile fine de coton, avec
deux aigrettes de diamans aux deux côtés.

Le Souverain Pontife & Evêque de
Rome porte une thiare ou efpèce de
bonnet, autour duquel on voit trois
couronnes d'or pur l'une fur l'autre, &
qui font en forme de cercle ; ce qui
marque fa puiffance fpirituelle & non
temporelle, comme le prétend *Bellar-
min*, fur les trois parties du monde
connues, l'*Europe*, l'*Afie* & l'*Afrique* :
on devroit y en avoir ajouté une quatrième depuis la découverte de l'*Amé-
rique*.

Simmachus fut le premier qui mit une
couronne autour de fa mitre ; peut-être
lira-t-on avec plaifir la raifon de cette
innovation. Dès qu'*Anaftafe*, Empereur d'Orient, eut appris la converfion
de *Clovis*, premier Roi chrétien des
François, il lui envoya les ornemens
royaux, avec le titre de Patrice, & une
couronne d'or, pour lui prouver qu'il

le reconnoiſſoit pour Roi, ſouverain &
indépendant. *Clovis* crut voir dans ce
préſent un air de ſouveraineté. Il ne tenoit ſa couronne que de Dieu & de ſon
épée ; il ne voulut pas qu'il fût dit que
l'Empereur l'avoit conſtitué Roi ; il
renvoya tous ces ornemens au Pape, &
offrit la couronne d'or ſur l'autel de S.
Pierre : c'eſt la même qui depuis ce
temps a ſervi au couronnement des
ſouverains Pontifes, & qui depuis a
toujours été appellée *regnum*, & en
françois *thiare*.

Les Cardinaux portent pour timbre
un chapeau de gueules ou rouge, avec
des cordons de ſoie de la même couleur, entrelaſſés & pendans aux deux
côtés de l'écu, & terminés de cinq
houpes.

Les Cardinaux n'ont porté des cha-
peaux de gueules que depuis la pro-
motion que fit Innocent IV au Concile
de Lyon, en 1245, lorſque fuyant la
perſécution de *Frederic*, il ſe réfugia
en France ſous la protection de Louis
VIII. Ce pieux Pontife donna cette
couleur aux Cardinaux, non pas par
vanité, mais pour leur faire ſentir que
lorſqu'ils étoient élevés au Cardinalat,

ils devoient être toujours prêts à répandre avec fermeté leur sang pour la défense des vérités évangéliques. Pierre
Colmieu ou de *Columiere*, fut le premier des Cardinaux qu'on honora du
chapeau rouge ; il étoit natif de Champagne : avant ce temps les Cardinaux
portoient des mitres ; ils font vêtus de
rouge depuis le Pontificat de *Boniface*
VIII.

Les Patriarches, Archevêques & Pri-
mats portent un chapeau de sinople,
les cordons pendans, entrelassés & terminés de quatre houpes de chaque côté ;
le tout de sinople, & une double croix
trefflée.

Les Evêques portent le chapeau de sinople, les cordons de soie de même couleur, entrelassés & terminés de trois
houpes. Ils ont une crosse qu'on nomme
bâton pastoral au dessous du chapeau ;
elle est le symbole du pouvoir spirituel
qu'ils ont sur le troupeau chrétien qui
leur est confié : ils ne mettoient point
autrefois de chapeau sur l'écu de leurs
armes, mais seulement leur mitre &
leur crosse tournée à droite.

Les Abbés & les Protonotaires portent
un chapeau de sable, dont les cordons

entrelaffés & pendans fe terminent par deux houpes. Lorfqu'ils font mitrés, ils ajoutent fous le chapeau de fable la mitre & la croffe, pour les différencier de celles des Evêques, & pour montrer que leur jurifdiction ne s'étend qu'au dedans de leur cloître.

Un Prévôt de Cathédrale porte en pal derriere l'écu de fes armes, un bâton femblable à un bourdon.

Un Prieur en porte un de même.

Un Grand Chantre porte une maffue en pal ; & un Doyen une croffe en pal.

Les Chevaliers de *Malthe*, la croix de Malthe paffée derriere l'écu de leurs armes, environnée d'un chapelet de corail ou d'or, paffé, entrelaffé dans les pointes de la croix ; au bas du chapelet pend la croix de Malthe.

Les Abbeffes portent l'écu en lozange avec la croffe en pal derriere l'écu, environné d'un chapelet.

Les Prieures portent l'écu de même, & au lieu de la croffe, elles ont le bâton en bourdon.

Les fimples Religieux & Religieufes, de quelque Ordre que ce foit, ne fe fervent point d'armes ; ils doivent cacheter leurs lettres de la marque de leur Ordre ou du nom de *Jesus*, auquel ils se sont devoués.

Le Connétable portoit deux mains sortant d'un nuage, chacune tenant une épée nue, la pointe en haut, aux deux côtés de l'écu de leurs armes. *François* de *Bonne*, Duc de *Lesdiguieres*, a été le dernier Connétable de France ; c'est à présent le premier Maréchal de France qui remplit en partie les fonctions de cette charge, qui a été supprimée.

L'Amiral de France porte pour marque de sa dignité deux ancres passées en sautoir derriere l'écu de ses armes.

Le Général des galeres portoit une double ancre passée en pal derriere l'écu de ses armes : cette charge est aujourd'hui réunie à celle de Grand Amiral.

Un Maréchal de France porte deux bâtons d'azur semés de fleurs de lys d'or, passés en sautoir derriere l'écu de ses armes.

Le Colonel général de l'infanterie de France portoit à côté du cimier quatre drapeaux, deux de chaque côté, dont l'un étoit d'argent, & l'autre d'azur.

Le Colonel général de cavalerie portoit quatre cornettes de France, deux de chaque côté.

Le Grand Maître d'artillerie porte au deſſous de ſes armes deux canons ſur leurs affuts.

Les Colonels d'infanterie mettent à côté de leur cimier des drapeaux ſans nombre.

Les Colonels de cavalerie mettent des cornettes ſans nombre.

Marques de dignités qui diſtinguent les Officiers de Sa Majeſté.

Le Grand Aumônier a au deſſous de ſes armes un livre de gueules, chargé du Blaſon de France.

Le Grand-Maître a deux bâtons de gueules, dont les bouts ſont terminés par une couronne fermée & fleurdeliſée, paſſés en ſautoir derriere l'écu. Il a une inſpection générale ſur la Maiſon du Roi. Quand le Roi meurt, le Grand-Maître rompt ſon bâton ſur le tombeau du Roi mort, pour congédier tous les Officiers, en leur annonçant la triſte nouvelle que le Roi leur maître eſt mort & qu'ils n'ont plus de charges, à moins que le Roi ſucceſſeur ne les continue ; ce qui arrive toujours, & qui fait dire fauſſement que les charges ne meurent point chez le Roi.

Le Grand Ecuyer de France porte deux épées dans leur fourreau, avec le ceinturon femé de France aux deux côtés de l'écu ; il a infpection fur tous les autres Ecuyers.

Le Grand Chambellan commande à tous les Officiers de la chambre du Roi. Le jour du facre, il déchauffe & ôte les bottines à Sa Majefté : il porte pour marque de fa dignité deux clefs d'or, dont les anneaux fe terminent en couronne royale fermée.

L'Ecuyer tranchant met fous fes armes un coûteau & une fourchette paffés en fautoir, le manche femé de France, & terminé en couronne royale fermée.

Le Grand Echanfon met fous fes armes deux bouteilles femées de France.

Le Grand Pannetier met fous fes armes la nef d'or & le cadenat qu'on met à côté du couvert du Roi.

Le Grand Veneur porte deux grands cors de chaffe avec leurs attaches, au bas & à côté de l'écu.

Le Grand Fauconnier porte deux leurres à côté de fon écu.

Le Grand Louvetier, deux têtes de loup au bas & à côté de l'écu.

F v

Le Grand Maréchal de logis, une maſſe & un marteau d'armes, paſſés en ſautoir au deſſous de l'écu.

Les Capitaines des Gardes du Corps mettent deux bâtons d'ébene en ſautoir derriere l'écu.

Le Capitaine des Cent Suiſſes met deux toques.

Le Grand-Maître des cérémonies paſſe deux bâtons de cérémonie au deſſous de l'écu.

Le Grand Prévôt, dont l'autorité ne s'étend pas ſeulement ſur les Officiers du Roi, mais encore ſix lieues aux environs du lieu où eſt la perſonne du Roi, a ſous lui des Lieutenans & des Sergens, & cent Gardes ou Archers armés de hoquetons, ainſi que les Archers de la garde du Roi. C'eſt à lui à mettre le prix aux denrées qui ſont pour la ſubſiſtance de la Cour; il connoît des cauſes des Officiers de la Maiſon du Roi, en ce qui eſt purement perſonnel, & peut donner des lettres de maîtriſe pour toute ſorte de métiers ſuivant la Cour. Il porte pour marque de ſa dignité deux faiſceaux de verges d'or poſés en ſautoir, liés de cordon d'azur; au milieu des faiſceaux eſt la hache d'armes, semblable à celle que les Romains nommoient *consulaire.*

Le Surintendant des Finances met deux clefs en pal à côté de son écu, semblables à celles du Chambellan ; elles ne different que dans la position.

Le Chancelier de France porte pour cimier une figure représentant la France, couverte d'un manteau royal, ayant la couronne de France sur la tête, le sceptre à la droite, & les grands sceaux à la gauche ; cette figure semble sortir d'un mortier de toile d'or, rebroussé d'hermine. Derriere l'écu sont deux grandes massues de France passées en sautoir ; le tout enveloppé d'un manteau de Duc & Pair, fait d'hermine, & rayonné d'or.

Les Chevaliers ou Gardes des sceaux de France portent un mortier rond de toile d'or en broderie, rebroussé d'hermine ; ils le portent sur le casque de leurs armes.

Les Présidens à Mortier le portent à leurs mains aux ouvertures & aux grandes cérémonies : il est de velours ou panne noire, bordé de deux grands passemens en galon d'or.

CHAPITRE XVI.

Des accompagnemens de la Couronne.

LES accompagnemens de la couronne se réduisent à cinq :

Le Cimier,
le Bourlet,
les Lambrequins,
les Volets,
le Vol.

Le cimier est ce qui paroît au plus haut du couronnement de l'écu ; il est nommé cimier du mot de cime. L'usage du cimier est fort ancien ; il vient de ce qu'anciennement les plus grands Seigneurs & les Chefs de guerre avoient accoutumé de porter au haut de leurs casques diverses figures d'animaux ou telle autre chose qui pouvoit leur plaire, soit pour se distinguer, soit pour se donner un air plus redoutable. L'usage n'en fut permis dans la suite qu'aux Généraux & aux principaux Officiers, afin qu'ils fussent distingués dans les armées, & que par ce moyen ils pussent plus facilement rallier autour d'eux les troupes : le reſte de l'armée ſe contentoit de porter une crête d'acier, d'où pendoient des plumes. Nous voyons dans l'hiſtoire l'ancienneté des cimiers, puiſque nous liſons que les Dieux des Payens & les Héros du temps paſſé s'en ſervoient long-temps avant que les hommes euſſent penſé à forger des armes de fer & d'acier.

Jupiter Ammon portoit pour cimier la tête d'un bélier ; *Mars*, celle d'un lion ou d'un tigre jettant du feu par les yeux & par les narines ; *Minerve* ou *Pallas*, Déeſſe de la guerre & des ſciences, portoit un ſphinx, accolé de deux griffons : les griffons repréſentent la guerre ; le ſphinx eſt l'enblême du ſecret ; elle avoit le hibou comme Déeſſe des ſciences.

Phidias, excellent Peintre & Sculpteur, mit à *Apollon* un coq pour cimier ; ce qui obligea les *Caréens*, que l'on fait inventeurs des armoiries, de prendre cet animal pour cimier.

Hercule prit pour cimier la tête du lion de *Nemée*, dont la peau lui ſervoit de vêtement : on le voit ainſi repréſenté dans les figures antiques.

Selon *Virgile*, *Aventinus* defcendant d'*Hercule*, portoit le même cimier.

Alexandre le Grand portoit la tête d'un bélier, pour faire entendre qu'il étoit defcendu de *Jupiter Ammon*.

Pyrrhus, Roi des Epirotes, portoit des cornes de bouc.

Perfée, deux aîles d'aigle.

Turnus, une chimere jettant des flammes.

Jules Céfar portoit tantôt une étoile, pour faire voir qu'il defcendoit de Venus, & tantôt une louve, qui allaita *Romulus & Remus*. On eft cependant revenu de l'erreur groffiere touchant la loûve ; on fçait que *Lupa* étoit une femme.

Plutarque dit que les *Cimbres* portoient des cafques, dont la crête étoit chargée de figures de bêtes fauvages, dont les muffles & les regards infpiroient la terreur.

Les Chrétiens dans leurs premieres guerres portoient une croix ardente.

L'ufage des cimiers fi commun chez les Anciens, fut aboli dans la fuite ; les Nobles fe contenterent de les mettre dans les armes.

On faifoit ordinairement les cimiers

de cuir bouilli , de parchemin ou de
carton ; on y faisoit peindre & vernir
les figures ; rarement les faisoit-on d'a-
cier , parce qu'ils étoient trop pesans.
On les posoit de front au sommet des
casques , & on les attachoit avec trois
courroies. Ils servoient aux Seigneurs
à se faire distinguer dans les batailles ,
montres & tournois : on les regardoit
comme des figures hiérogliphiques, sous
l'enveloppe desquelles étoit caché quelque dessein , quelque action faite ou à
faire.

François I , qui prit la couronne fermée , y mit pour cimier la double fleur
de lys , ou à quatre pans.

Les Rois d'*Espagne* portent pour cimier une tour d'or , qui est de *Castille* ,
au lion de pourpre naissant , qui est de
Léon , tenant à la patte droite une épée
d'argent, croisetée & pommetée d'or, &
à la patte gauche un bouclier de gueules , ou quelquefois un monde d'or.

Les Rois d'*Angleterre* , un léopard
d'or couronné , assis sur le casque au
milieu de la couronne.

Les Rois de *Dannemarck* , huit banderolles d'azur à la croix d'argent , les
lances d'or , quatre tournées à droite ,
& quatre à gauche.

Les Ducs de *Bretagne* portoient leurs casques couronnés, timbrés d'un lion d'or, levant la patte droite, assis entre deux grandes cornes d'hermine.

Les anciens Ducs de *Bourbon* portoient une double queue de paon sortant de la couronne, qui est sur le casque parti d'azur & d'argent, chargé des lettres C de l'un en l'autre; ce qui représentoit la ceinture de l'Espérance, Ordre institué par les Ducs de *Bourgogne*. On voit ce cimier sur les armes du Duc de *Bourbon*, qui fut tué à la bataille de *Poitiers*, & qui est enterré dans le Couvent des Cordeliers de cette ville : on voit le même cimier dans la Cathédrale de *Léon* en *Bretagne*, où des Ducs de la même Maison ont été enterrés.

Les anciens Ducs d'*Anjou*, Rois de *Sicile* & de *Jerusalem*, portoient un éléphant d'argent, sortant hors de la couronne du casque.

Les Ducs de *Bourgogne* portoient une tête & col d'autruche d'argent, couronné d'or, tenant à son bec un fer de cheval d'or, & deux plumes, sortant l'une à droite, l'autre à gauche.

Les Princes du sang ont pris dans la suite le cimier de France.

Les Comtes de *Champagne* portoient leur casque couronné à l'antique, comme Seigneurs qui possédoient une Principauté en titre, avec un buste de Maure naissant, depuis qu'un de ces Comtes fit un Roi Maure prisonnier.

Les Comtes de *Stolberg* portent pour cimier un bras tenant une massue.

CHAPITRE XVII.

Des Bourlets.

LE bourlet, qu'on appelle aussi tortil, est un tour de livrée avec lequel on attachoit le chaperon que l'on portoit souvent sur le casque. Les Chevaliers s'en paroient sur tout dans les tournois, parce que c'étoit les maîtresses qui les attachoient elles-mêmes aux Chevaliers qui les intéressoient.

CHAPITRE XVIII.

Des Lambrequins.

L'ORIGINE des lambrequins remonte aux tems les plus reculés ; ce que l'on repréfente aujourd'hui fous la forme de feuilles autour du cafque, & qui fait un des ornemens de l'écu, étoit une efpèce de capuchon dont les anciens Chevaliers couvroient leurs cafques pour les préferver des injures du temps, & les garantir de la rouille.

Les lambrequins des Ducs de *Bretagne* étoient d'hermine ; ceux des Ducs de *Bourbon*, parfemés de fleurs de lys d'or ; ceux de *Maximilien* & de *Frédéric*, Empereurs, étoient de l'Empire, brifés de l'Autriche moderne d'or & d'hermine.

Guillaume de *Vienne*, premier Chevalier de la Toifon d'or, portoit les lambrequins d'hermine, doublés de gueules : les Rois d'*Angleterre* les portent de gueules, doublés d'hermine.

Les Princeffes & les Dames étoient attentives à enrichir de perles & de pier-

... xreries les lambrequins de leurs Chevaliers, qui de leur côté avoient soin de
porter autant de banderolles qu'ils s'é-
toient trouvé de fois aux batailles & aux
tournois. Les espèces de mantelets ou
manteaux, dont on entoure aujourd'hui
des écus, tirent leur origine des lambrequins.

CHAPITRE XIX.

Des Volets.

LE s volets étoient des rubans de la
couleur des émaux des armes ; on
s'en servoit pour attacher le cimier au
casque ; & comme on les laissoit au gré
des vents, on les appella volets.

CHAPITRE XX.

Des Vols.

ON appelloit vol les petites banderolles que l'on mettoit autrefois
au dessus des lambrequins, & dont le
nombre indiquoit celui des batailles ou

des tournois où l'on s'étoit trouvé. On le fait aujourd'hui en forme d'éventail, & plus souvent encore on y met deux aîles d'oiseaux : tel est celui de la Maison de *Gordon* en *Ecosse*.

Avant que de finir de parler du couronnement de l'écu, je crois devoir faire observer que les Allemands mettent autour de leur écu autant de casques ornés de leurs cimiers, bourlets, lambrequins, volets & vols, qu'ils ont d'alliances différentes dans leurs armes,

CHAPITRE XXI.

Des ornemens qui sont à côté de l'Ecu.

LE s ornemens que l'on met à côté de l'écu sont de deux sortes ; les tenans & les supports. On confond assez communément les supports & les tenans, cependant les Auteurs les plus versés dans l'art héraldique mettent une grande différence entre ces deux ornemens. Ils prétendent que le support ne peut s'entendre que des animaux, & le tenant, des figures d'hommes. On ajoute

ncore une autre différence ; les supports
tiennent l'écu élevé , & les tenans le
tiennent sans l'élever. On tire ordinairement les supports & les tenans des
pièces qui composent l'armoirie ; mais
il arrive quelquefois qu'ils sont absolu-
ment différens ; d'ailleurs le Blason n'a
point de règle fixe sur ce point.

Les supports & les tenans ne sont
point héréditaires , puisqu'on peut les
changer suivant les occasions ; ce sentiment est étayé d'un exemple remarquable. *Charles* VI ayant pris un cerf dans la
forêt de *Senlis* , qui avoit à son col un
collier d'or , où étoient gravés ces mots :
hoc me Cæsar donavit , il ôta les supports
de France & leur substitua deux cerfs ,
auxquels il fit ajouter dans la suite des
aîles : le trait d'histoire qui donna lieu
à ce changement est assez remarquable
pour être rapporté. Ce Prince , suivant
Froissard , crut voir en songe un faucon
qu'il tenoit sur son poing ; l'oiseau prit
son essor , fondit sur un nombre considérable de hérons, & les abbatit ; mais
il s'éleva si haut qu'il auroit été perdu
sans le secours d'un cerf aîlé , sur lequel ce Prince étoit monté , & avoit atteint & repris l'oiseau. Le Roi prit tant

de plaifir à ce fonge, que le croyant prophétique, à caufe de la victoire qu'il remporta peu de temps après fur les Flamands, il ajouta des aîles aux deux cerfs qu'il avoit pris pour fupports.

Charles VII fon fils les porta ; mais *Louis* XII prit le porc-épic, en confidération de fon pere, qui avoit inftitué l'Ordre du Porc-épic, avec cette devife, *cominùs & eminùs, de loin & de près.* *François* I prit des falamandres. Tous ces changemens furent particuliers aux quatre Rois dont nous venons de parler ; leurs fucceffeurs reprirent les deux Anges qui font les gardiens & les génies tutélaires du Royaume.

En Allemagne, les tenans & les fupports ne font permis qu'aux grands Seigneurs ; la fimple Nobleffe fe contente de charger les cafques de cimiers & de lambrequins. En France, au contraire, tout le monde choifit à fa fantaifie ; on prétend que c'eft fans conféquence, & je crois que c'eft un abus.

On prend quelquefois des fupports pareils aux animaux qu'on a dans l'écu : d'autres par reconnoiffance en prennent de femblables à ceux de leurs bienfaiteurs & protecteurs : ceux qui font obli-

…és de changer d'armes , font servir les
pièces des anciennes aux cimiers & aux
supports. La ville d'*Avignon* , par exemple , qui relevoit autrefois de l'Empire ,
portoit un aigle dans ses armes ; mais
depuis que les Papes en sont devenus
Souverains par la libéralité de nos Princes , elle a pris trois clefs posées en fasce ,
& l'aigle pour support.

Les Rois d'Ecosse avoient un lion
d'or à droite , & une licorne à gauche.

Les Rois d'Angleterre , un léopard à
droite , & un lion au naturel à gauche ;
le premier tiré de leurs armes , & le second , à cause de la banniere du dragon , qu'on porte en Angleterre , en
l'honneur de Saint George , Patron des
Chevaliers de la Jarretiere.

Les Princes Palatins , Electeurs de
l'Empire , deux lions , ayant chacun la
tête dans un casque.

La Maison de Pases , en *Espagne* , a deux
têtes de lion , la droite du côté du
chef , & la gauche du côté de la pointe ,
les deux têtes engueulées & tenant l'é-
cu avec les dents.

La Maison de *Lorraine* porte deux
aigles au naturel , colletés d'un chapelet de grosses perles , au bout duquel

pend fur l'eftomac de l'un & l'autre
aigle une double croix d'or , appellée
croix de Lorraine.

La Maifon de *Nogaret* avoit deux
griffons d'or.

La Maifon de *Montmorenci* a , par
conceffion de nos Rois, deux Anges ,
parce qu'elle a embraffé la premiere le
Chriftianifme , après la converfion du
Roi *Clovis.*

Le Royaume de Naples , deux fy-
rennes.

La Maifon de *Bethune* , deux fauvages armés de leur maffue.

Il y a des armes qui n'ont qu'un fup-
port.

La Maifon des Comtes d'*Apremont* ,
en *Lorraine* , a un aigle au naturel, couronné d'or. Il tient devant lui l'écu &
le cafque enveloppés & couverts d'un
manteau impérial de pourpre , doublé
de toile d'or , & femé d'aigles à deux
têtes de fable ; le manteau eft attaché
au devant du col de l'aigle , avec des
cordons houpés de foie cramoifie d'or.

Vivonne a un aigle au naturel, qui
a la tête dans le cafque ; l'écu des armes
pend fur l'eftomac de l'aigle.

Wirtemberg , en Allemagne , a un
dragon

dragon au naturel, qui entoure l'écu & mord sa queue ; ce que l'on doit plutôt appeller gardien que support.

Hoheneck a pour tenant un homme armé de toutes pièces, qui tient de la main gauche l'écu des armes, & de la droite une hallebarde.

Les armes de *Bretagne* avoient pour support un lion d'or, ayant la tête dans un casque, tenant de sa patte droite une banniere de *Bretagne*, & l'écu des armes appuyé sur son côté gauche à l'antique.

Un cadet de la Maison de *Penhoet*, en *Bretagne*, ayant épousé une héritiere, prit pour tenant une dame vêtue à la mode, ayant la main droite sur l'écu.

CHAPITRE XXII.

Des ornemens que l'on met autour & au bas de l'écu.

CES ornemens sont de trois sortes. Les colliers des Ordres institués par divers Princes ; les marques des dignités & des charges ; les grands manteaux doublés d'hermine, qui paroiſſent être deſſous les écus.

Sainte Hélene , mere de l'Empereur *Conſtantin* , viſita le Saint Sépulchre ; elle fut bien récompenſée de cette piété , puiſqu'elle trouva la croix , ce ſaint inſtrument de notre rédemption. En mémoire de la découverte d'un tréſor ſi précieux , elle inſtitua l'Ordre des Chevaliers du Saint-Sépulchre ; elle en nomma Chevaliers pluſieurs Gentils-hommes de ſa ſuite , dont le miniſtere devoit être de garder ce ſaint lieu , & de le garantir des incurſions des infidelles : ils portoient cinq croix de gueules , en mémoire des cinq playes de *Jeſus-Chriſt.*

Clovis inſtitua l'Ordre de la Sainte Ampoule , en mémoire de cette huile divine envoyée du ciel , dont on ſacre nos Rois. Il créa quatre Barons , très-nobles , feudataires de l'Egliſe de *Saint Remi* à Rheims , qui furent les quatre Chevaliers de la Sainte Ampoule.

Saint Grégoire de *Nazianze* rapporte que *Saint Baſile* fonda un hôpital ſous le titre de *Saint Lazare* , & que ceux qui le deſſervoient , portoient le titre de Chevaliers du même nom.

Mais les incurſions des barbares

étoufferent cet Ordre dans sa naissance. Il fut cépendant rétabli après que les Princes chrétiens eurent enlevé la ville de Jerusalem aux infidelles. Lorsque *Philibert*, Duc de *Savoye*, en fut créé Grand-Maître par le Pape Grégoire XIII, il le joignit à l'Ordre de *Saint Maurice*, & ajouta à la croix de sinople, qui étoit le blason de l'Ordre de Saint Lazare, une bordure blanche, avec l'image de Saint Maurice au milieu. Cet Ordre parut en France dans toute sa splendeur, dès qu'il eut pour Grand-Maître Louis d'Orléans, Prince que la France vient de perdre, & qu'elle regrettera toujours.

Les Ordres des Chevaliers du Chien, symbole de la fidélité, & du Coq, symbole de la vigilance, furent institués par les ancêtres de la Maison de *Montmorenci* : le collier d'où pendoit une tête de chien, étoit rempli de têtes de cerf.

Charles *Martel* institua l'Ordre de la Genette, en mémoire de la journée de Tours, où les Sarrasins furent défaits : leurs boucliers & leurs corsets étoient couverts de peaux de genettes, dont l'Ordre qui se soutint jusques au regne de Saint Louis, porta le nom.

Garcia VI, Roi de Navarre, institua l'Ordre du Lys à l'honneur de la Sainte-Vierge. Les Chevaliers portoient un collier, d'où pendoit un pot à fleurs de lys, & au dessus paroissoit une image de Notre-Dame.

Quelques-uns prétendent que Saint Jean l'Aumônier, Patriarche d'*Alexandrie*, institua l'Ordre de Saint Jean de *Jerusalem*, qu'on appelle aujourd'hui l'Ordre de *Malthe*; d'autres au contraire disent qu'un cavalier nommé *Girard*, qui sous le regne de *Godefroi* de Bouillon, alla visiter les saints lieux, fonda, secouru de quelques Gentilshommes, l'Hôpital de Saint Jean de Jerusalem, d'où les Chevaliers de cet Ordre furent au commencement appellés Hospitaliers. Leur croix est patée à huit pointes, qui représentent les huit béatitudes. Leur devoir est d'assister les pélerins qui vont visiter les saints lieux, & de faire la guerre aux infidelles : on les appelloit autrefois Chevaliers de *Rhodes*, parce qu'ils étoient maîtres de cette isle; mais *Soliman* le magnifique s'en empara. L'Empereur Charles-Quint leur donna l'isle de *Malthe*, d'où ils font continuellement des courses contre les infidelles ; de forte qu'on peut avec raifon les appeller le boulevard de la chrétienté du côté du Levant, puifqu'ils s'occupent fans ceffe du foin de réprimer l'infolence des Turcs & les pirateries des Corfaires fur les côtes de la Barbarie.

Godefroi de *Bouillon* inftitua l'Ordre des Templiers après l'heureufe expédition de la Terre fainte que les Chrétiens avoient conquife fur les Sarrafins : cet Ordre devint fi puiffant qu'on peut avancer qu'il excita la jaloufie des Rois. L'irrégularité de leur conduite engagea le Pape *Clément* V d'abolir cet Ordre en 1311. Si le Souverain Pontife avoit examiné fans prévention les chefs d'accufation qu'on leur imputoit , peut-être auroit-il fufpendu fes foudres , & cet Ordre fubfifteroit-il aujourd'hui , ainfi que beaucoup d'autres Ordres où il s'étoit gliffé des abus , non moins repréhenfibles : leurs biens furent diftribués aux Ordres de Saint Jean de *Jerufalem* , de *Calatrava* & d'*Alcantara*. Ils portoient des croix blanches fur leurs robes & fur leurs foutanes : on affure cependant que c'eft de leur intempérancé que vient cette façon de parler fi uſitée, *il boit comme un Templier.*

Les Chevaliers de l'Ordre Teutoni-
que portent une croix noire ſur un habit blanc. L'Empereur *Frédéric* II leur
permit de conquérir la *Pruſſe* ; ils la con-
quirent en effet, & y porterent le flam-
beau de la foi ; quoique depuis ce temps
ce pays leur ait été enlevé, leur Grand-
Maître fait ſa réſidence à *Mergentheim.*

Comme le corps de *Saint Jacques*
avoit, ſuivant l'ancienne opinion, été
découvert en Eſpagne, les fidelles y
alloient de toutes parts en pélerinage.
On inſtitua pour le ſoulagement de
cette foule de pélerins, l'Ordre de Chevalerie de *Saint Jacques*, dont le collier
eſt d'or, orné de coquilles, d'où pend
une croix de gueules en forme d'épée.

L'Ordre des Chevaliers d'*Alcantara*,
au Royaume de *Léon*, fut inſtitué contre
les Maures par *Ferdinand Gomès*, un
des plus puiſſans Seigneurs de ce pays,
ſous le bon plaiſir de *Ferdinand*, Roi
de *Léon* & de *Galice*, qui s'en déclara
le protecteur. Les Chevaliers portent
une croix de ſinople, en forme de lys.
Le Pape *Adrien* V annexa à perpétuité
les Ordres de *Calatrava* & de *Saint
Jacques* à la couronne de *Caſtille* & de

Léon, en faveur de son disciple *Charles-Quint*, Empereur d'Allemagne &
Roi d'Espagne.

Celui des Chevaliers de la glorieuse
Vierge Marie, fut institué par les Freres
Prêcheurs de l'Ordre de Saint Dominique, pour la réconciliation des villes
d'Italie, qui se faisoient alors la guerre
avec obstination, & pour soulager les
veuves & les orphelins. Ils portoient
d'argent, à la croix de gueules, avec
des étoiles au dessus de la croix.

Kenneth, Roi d'*Ecosse*, après avoir
conquis le royaume des *Pictes*, & sub-
jugué entierement ce peuple, institua
l'Ordre du Chardon vers l'an 900.
Comme il vit dans le fort de la bataille
une croix de Saint André en l'air, il
voulut que les Chevaliers de cet Ordre
portassent un collier de ruban de soie
d'azur, d'où pend un écu d'azur, au
chardon de sinople; & au bas de l'écu
l'image de Saint André sur une croix
d'or, avec cette inscription tout autour :
*nemo me impunè lacessit, nul ne m'attaque
impunément.* Milord *Cromarty*, fameux
antiquaire écossois, ayant vu quelques
anciens tableaux des Chevaliers de cet
Ordre, dont le collier d'azur étoit de-

venu, par les injures du temps, presque
de sinople, crut que l'ancien collier de
cet Ordre étoit en effet de sinople; il
engagea la Reine *Anne* à prescrire aux
Chevaliers de porter à l'avenir le collier
de cette couleur; ce qui est une erreur
grossiere, & indigne de l'antiquaire &
de la Princesse qui s'y est livrée.

Jean de Valois, Roi de France, institua
un Ordre en mémoire de l'étoile qui
servoit de guide aux Rois Mages. Le
blason de cet Ordre étoit une chaîne
d'or, d'où pendoit une étoile, avec ces
mots, *monstrant Regibus astra viam*;
mais Charles V l'ayant donné à ses
Gardes, cet Ordre devint si méprisable,
qu'on le donna ensuite au Chef des Archers du guet de la ville de Paris.

Amé V, dit le *Comte vert*, institua en
Savoye en 1355, l'Ordre du Lacs d'a-
mour, dont le collier étoit composé de
roses blanches & rouges, jointes ensemble par des lacs d'amour, entrelassés
de ces quatre lettres, F, E, R, T, qui
ont reçu beaucoup d'interprétations,
aussi ridicules & aussi extravagantes les
unes que les autres. *Charles* le *Bon* con-
sacra dans la suite cet Ordre à l'amour
divin, qui a uni le Verbe à notre chair

par le myſtere de l'Incarnation. Il en fit l'Ordre de l'Annonciade ou Annoncia-tion, dont l'image pend pour médaille au bas du collier, environné de quatre lacs d'amour, & des quatre lettres F, E, R, T, qui ſignifient *fortitudo ejus Rhodum tenuit*, en mémoire de ce Duc généreux qui accourut au ſecours de la ville de *Rhodes*, & obligea les in-fidelles d'en lever le ſiége.

Philippe le *Bon*, Duc de Bourgogne, inſtitua le jour de ſes nôces avec *Iſa-belle* de *Portugal*, dans la ville de *Bru-ges*, l'Ordre de la Toiſon d'or, dont le collier eſt compoſé de fuſils adoſſés, re-préſentant des B, premiere lettre du nom de Bourgogne, & tirant du feu des cailloux entremêlés, avec la deviſe : *ante ferit quàm flamma micat*, *le coup eſt porté avant que la flamme paroiſſe*. Au bout de ce collier pend la Toiſon d'or, qui fait alluſion à celle de *Gédéon* : cet Ordre eſt paſſé en Eſpagne, & la Bourgogne eſt revenue à la France.

Coſme, Grand Duc de *Toſcane*, inſti-tua en 1561 l'Ordre de Saint Etienne, Pape, Patron de *Florence*. Le cordon de l'Ordre eſt une chaîne d'or, d'où pend une croix patée à huit pointes.

G v

Vincent IV, Duc de *Mantoue*, inftitua en 1608 l'Ordre du Précieux fang de *Jefus-Chrift*, dont on prétend avoir quelques gouttes à *Mantoue*. Le collier eft compofé de cercles, les uns en long, où font écrits ces mots, *Domine, probafti me*; & les autres en large, où eft repréfenté un creufet dans le feu, au bout eft une croix patée.

Alphonfe I, Roi de Portugal, ayant enlevé la ville d'*Evora* aux Maures, inftitua l'Ordre d'*Avis*, à caufe du château de ce nom dont il venoit de fe rendre maître, & qu'il confia à la garde des nouveaux Chevaliers. Du collier, qui eft fimple, pend une croix, accompagnée de deux oifeaux affrontés de fable, par allufion au nom latin *avis*, qui fignifie oifeau.

Edouard III, Roi d'*Angleterre*, inftitua en 1347 l'Ordre de la Jarretiere. Le collier qui eft fait en jarretiere, avec fon fermail, porte cette devife, *honni foit qui mal y penfe*, expreffion dont le Prince fe fervit en ramaffant la jarretiere bleue de la Comteffe de *Salifburi*, pour faire voir que fon amour pour cette Dame étoit plus chafte & plus pur qu'on ne penfoit.

Louis XI fonda le premier Août, en 1496, à *Amboife*, l'Ordre de Saint Michel. Il donna aux Chevaliers un collier d'or, orné de coquilles attachées les unes aux autres. Cet Ordre a cela de particulier, qu'un Chevalier ne peut en être chaffé que pour avoir quitté lâchement fon pofte en temps de guerre, ou pour avoir été convaincu d'héréfie, ou du crime de leze-Majefté ; on l'a préfentement réuni à l'Ordre du Saint-Efprit.

Henri III, Roi de France & de Pologne, fonda l'Ordre du Saint-Efprit. Il lui donna ce nom, parce qu'il avoit pris naiffance le jour de la Pentecôte, & qu'il avoit été couronné Roi de Pologne en pareil jour ; il l'inftitua en 1579, le premier jour de Janvier, en l'Eglife des Grands Auguftins, pour l'augmentation de la foi & l'extirpation de l'héréfie. Le collier eft orné de trophées, mêlés de flammes & de plufieurs H couronnées, chiffre de Henri III ; au bout pend une croix de *Malthe* ; au milieu eft la figure d'une colombe, qui repréfente le Saint Efprit.

Outre ces différens Ordres, on en trouve une infinité d'autres.

Les Chevaliers de Saint Sauveur, en *Arragon.* G vj

Ceux de *Menleza*, au Royaume de *Valence*.

Ceux de la Colombe & de la Raifon, en *Caftille*.

Ceux de Jefus-Chrift, en *Portugal*.

Ceux de Montjoie, en *Syrie*.

Ceux de Porte-glaive ou Gendarmes de Jefus-Chrift, en *Livonie*.

Ceux de Jefus-Chrift, inftitués par *Saint Dominique*, contre les *Albigeois*.

Ceux de la Galza, chez les *Venitiens*.

Ceux du Bain, en *Angleterre*.

Ceux du Porc-épic, dans la Maifon d'*Orléans*.

Ceux de la Vierge Marie, dans la Maifon de *Bourbon*.

Ceux de Sainte Marie ou de l'Eléphant, en *Dannemarck*.

Ceux de Chypre, dans la Maifon de *Lufignan*.

Ceux du Dragon, en *Allemagne & Hongrie*.

Ceux du Glaive & du Baudrier, en *Suéde*.

Ceux de l'Epée, en *Bretagne*.

Ceux du Croiffant, en *Anjou* & en *Sicile*.

Ceux de Saint George, en *Carinthie*.

Ceux de la Croix de Bourgogne, inftitués à *Tunis*.

Ceux de la Cordeliere, ou du Cordon, inftitués par Anne de Bretagne, Reine de France.

Les Papes ont inftitué quelques Ordres.

Le Pape Jean XXII inftitua l'Ordre de Jefus-Chrift.

Léon X fonda les Chevaliers de Saint Pierre, contre les Turcs.

Pie IV inftitua les Chevaliers qui portent fon nom.

Sixte V inftitua ceux de Notre-Dame de Lorette.

CHAPITRE XXIII.

Des Manteaux & Pavillons.

COMME les Empereurs & les Monarques font les feuls qui ne dépendent que de Dieu, ils font auffi les feuls qui peuvent porter le pavillon avec toutes fes parties. Cela eft fi vrai, que les Rois électifs, & qui relevent de l'Empereur, ne peuvent point, tout Rois qu'ils font, porter le pavillon entier ; ils en ôtent le comble & ne retiennent que les courtines, qui reffemblent

aux manteaux que les Ducs de *Savoye*
& de *Lorraine* mettent à l'entour de l'é-
cu de leurs armes. Aussi le pavillon étoit
dans la victoire la piéce la plus considérable : de toutes les richesses de *Darius*,
Alexandre n'en retint que le pavillon.

Le pavillon est composé du comble,
de la courtine, qui font ensemble le
mantelet, & des rideaux qui environ-
nent l'écu.

Rien n'est si grand & si noble que le
pavillon de France; il est d'azur, fleurdelisé d'or, doublé d'hermine, le comble rayonné d'or, & couronné de la
couronne impériale françoise.

Les Ducs & Pairs ont ces mêmes
manteaux doublés d'hermine.

Celui du Chancelier est d'écarlate,
orné de rayons d'or vers le haut.

Celui du Premier Président est d'écarlate, fourré de petit gris.

Celui du Grand-Maître de Malthe
est noir, marqué des mystères de la
Passion, en broderie blanche & bleue,
avec les cordons houpés blancs & noirs.

Il est assez en sa place de parler ici
des différens pavillons que les Nations
portent sur mer.

Chaque Nation a choisi sa couleur

particuliere pour se faire connoître. Les
pirates & écumeurs de mer en ont de
toutes les sortes ; ils s'en servent ou
pour surprendre les vaisseaux qui leur
paroissent foibles, ou pour éviter ceux
qui leur paroissent trop forts.

Les vaisseaux du Roi portent le pavillon royal d'azur, à trois fleurs de lys d'or. Les vaisseaux qui ne sont pas du Roi ne portent qu'un pavillon d'azur, avec une croix d'argent.

La France porte son pavillon d'argent sans aucun blason.

Le pavillon de Sa Sainteté est d'argent, avec un Saint Pierre, ou bien couronné de clefs, & les banderolles sont d'or, d'argent & de gueules.

Chaque Escadre doit porter les enseignes de la couleur de sa province, avec le pavillon d'argent au grand mât.

L'Espagne porte d'argent, au sautoir de gueules, bretessé, qui est de Bourgogne ; les Castillans le portent fascé de gueules & d'azur.

Les Flamands le portent de gueules, d'argent & d'azur.

Les Hollandois, fascé de gueules, d'argent & d'azur.

Les Hambourgeois, de gueules, aux trois tours d'argent.

Les Portugais portent bande de gueules, d'argent & d'azur, chargé de la croix de sable, & brisé d'une autre croix d'argent.

Les Portugais des Indes portent d'argent, à la sphere.

Les Allemands le portent écartelé d'or & de gueules.

Les Anglois portent d'argent, à la croix de gueules, ou de gueules plein.

Les Ecossois portent de gueules ou d'azur, au sautoir d'argent, bretessé.

Les Suédois portent d'azur, à la croix d'or.

Les Danois portent d'or & d'argent, ou cornet, au dedans duquel est une croix d'or.

Malthe porte de gueules, à la croix d'argent.

Les Chevaliers Teutoniques portent d'argent, à la croix de sable.

Jerusalem porte d'argent, à la croix d'or potencée.

Sicile porte d'argent, à l'aigle de sable.

Florence porte la croix & S. Etienne.

Savoye, d'argent, à la Notre-Dame.

Venise, d'argent, au lion, avec ces paroles : *pax tibi, Evangelista meus*, la *paix soit avec toi, mon Evangeliste.*

Raguſe porte d'argent , avec une bande où eſt écrit ce mot , *libertas.*

Les Turcs portent diverſement leurs pavillons ; quelques-uns les portent de gueules plein , d'autres de ſinople plein , d'autres parti de gueules & d'argent , avec des caractères arabeſques.

Le Grand-Seigneur a le turquin , c'eſt-à-dire rouge & bleu , chargé de quatre croiſſans en bande ſur le tout.

Le Caliphe ou Soudan d'Egypte le portoit de gueules & d'azur , chargé de quatre croiſſans , dont deux montans & deux deſcendans l'un dans l'autre.

Tripoli le porte mi-parti de gueules & d'azur , au croiſſant deſcendant.

Les pirates d'Alger , de Tunis , de Maroc & de Fez , portent un pavillon hexagone , avec un mot arabe , coiffé de ſon turban , empeigné du croiſſant montant , & le dernier quartier du pavillon bordé & ourlé d'argent.

Il y a des pavillons chrétiens qui ſont quarrés , & d'autres fendus ; mais ceux des Turcs ſont toujours fendus & coupés en flamme.

Il y a des pavillons ſelon les occurrences. Il y en a de combat , c'eſt-à-dire que quand deux vaiſſeaux ſont prêts à fe battre, on met ces pavillons.

Celui de France eft blanc.

Celui d'Efpagne eft bleu.

Celui d'Angleterre eft rouge.

Celui des Provinces-Unies, orange.

Il y en a
{
de partance,
de confeil,
de paix,
d'aide,
de nation.

Tout navire particulier qui rencontre dans fa route un navire du Roi, doit prendre le deffous du vent, abattre l'enfeigne & fe préfenter pour le faluer, non côté à côté, mais en biaifant fous le vent.

Lorfque le pavillon royal eft arboré, on ne doit jamais l'abattre, on doit au contraire le deffendre jufqu'à l'extrêmité.

On attache les pavillons des navires pris aux haubans, & ceux des galeres derriere, traînant dans l'eau.

Lorfque les Chrétiens fe croiferent pour faire la guerre aux infidelles, chaque Nation fe diftingua par la couleur de fa croix.

La croix Françoise étoit d'argent.
L'Espagnole, de gueules.
L'Italienne, d'azur.
L'Allemande, de sable.
L'Angloise, d'or.
La Saxonne, de sinople.

CHAPITRE XXIV.

De la Devise & de l'Emblème.

LA devise dont on se sert dans les armoiries, est imparfaite ou parfaite.

Elle est imparfaite lorsqu'elle exprime la passion ou la pensée du guerrier par des figures sans paroles, ou par des paroles sans figures. La devise est parfaite lorsqu'elle exprime la passion ou la pensée du guerrier par des figures accompagnées de paroles courtes ; de sorte qu'on peut dire alors que la figure est le corps, & que les paroles sont l'ame de la devise. On la met ordinairement sur un rouleau volant, au dessus de l'armoirie : c'est ainsi qu'au dessus des armoiries de France on voit ces paroles écrites : *lilia non laborant neque nent.*

Il y a des personnes qui ont pris des seules lettres pour leurs devises. L'Empereur Frédéric III prit pour la sienne les cinq voyelles A , E , I , O , V , qu'on interpréta ainsi : *aquilæ est imperium orbis universi.*

Les Princes de la Maison royale de Savoye portent dans le collier de leur Ordre ces quatre lettres , F , E , R , T , qui signifient *fortitudo ejus Rhodum tenuit , sa valeur sauva Rhodes* ; ou bien , comme d'autres l'expliquent , *frappez , entrez , rompez tout.*

Les *Saints Félix* , originaires de Piémont , conservent encore dans la bande de leurs armes trois F F F de sable , qui signifient *Felices fuerunt fideles , les Félix furent fidelles* ; éloge fait par *Amédée* , Comte de Savoye , en 1247 , temps où tout le Piémont étoit revolté , si l'on en excepte la ville de *Rivole* , dont les *Félix* étoient les plus considérables. Ces devises littérales sont à peu près semblables à celle de la République Romaine , S. P. Q. R. , & aux quatre P à Paris , qu'on a ainsi interpretés , *Primus Præses Parlamenti Parisiorum* , & auxquels les railleurs ont donné cette autre interprétation si in-

...génieuse, *pauvres Plaideurs, prenez patience.*

D'autres, au lieu de simples lettres, mettent un ou plusieurs mots sans corps ou figure. La Maison royale de Bourbon portoit ce mot prophétique, *Espérance.*

Les Rois d'Angleterre, *Dieu & mon droit.*

Les Rois d'Ecosse, *In defence, pour ma défense.*

Les Chevaliers de l'Ordre de Saint Michel, *immensi tremor Oceani.*

Ceux de l'Ordre du Saint Esprit, *duce & auspice.*

Ceux de la Toison d'or, *pretium non vile laborum.*

Ceux de l'Ordre de la Jarretiere, *honni soit qui mal y pense.*

La Maison de Bretagne, à *Marie.* De Montmorenci, *Dieu aide au premier Chrétien.*

Celle des Ducs de Nevers, *fides.*

Celle de Rohan, *plaisons,* ou bien quelquefois *a plu.*

La devise parfaite est, comme nous l'avons dit, celle qui a un corps & une ame, c'est-à-dire figure & paroles ; telles sont celles de Louis XII, qui avoit un

porc-épic , avec ces paroles , *cominùs &*
eminùs , & celle du Chardon d'Ecoſſe ,
nemo me impunè laceſſit.

La deviſe , ſelon l'intention de ceux
qui s'en ſervoient , étoit une ſimple ſen-
tence , qui tomboit ordinairement ſur
le nom de la perſonne , ou ſur ce qui
étoit contenu dans l'écu.

Par exemple ,

Potiùs mori quàm fœdari.
Lilia non laborant neque nent.
Ex omnibus floribus elegi mihi lilium.

Il faut que le corps de la deviſe n'ait
rien de monſtrueux. Par exemple , il
faut éviter de donner des aîles à une
tortue , ou de faire comme cet homme ,
qui pour montrer que l'amour l'avoit
rendu diligent de pareſſeux qu'il étoit ,
fit repréſenter un âne , auquel un petit
amour attachoit des aîles , avec ces paroles , *addit inertibus alas.*

Il faut auſſi que le corps de la deviſe
ſoit connu & gracieux : quoi en effet de
plus horrible que de mettre un crapaud
pour corps d'une deviſe ? On reçoit cependant le ſerpent dans la deviſe , parce
qu'il eſt le ſymbole de la prudence : *eſ-*
tote prudentes ſicut ſerpentes , dit l'écriture.

On doit faire enforte que le corps de la devife foit mis en action. Un lion af-faillant , terraffant ou grimpant , eft plus agréable qu'un lion en repos , à moins que la devife ne le demande , comme celle qui fut faite pour Louis XIV. Un lion eft repréfenté dormant les yeux ouverts , avec ces mots , *quief-cente pavefcunt.* Le nombre de figures ne gâte point la devife , pourvû qu'elles ayent le même objet. Par exemple , un rocher dans la mer , battu des flots , des vents & de la pluye , ne fait qu'un bon effet , parce que tout confpire au même but , & juftifie ces mots , *non commo-vebitur.*

Le nombre des figures ne doit pas ce-pendant excéder celui de trois ou quatre; il faut même avoir l'attention de les placer naturellement , comme une lune dans le ciel , un poiffon dans la mer.

Le corps de la devife doit être pris de la nature , & non pas du hazard ou du caprice : on a cependant tant de refpect pour l'antiquité , qu'il eft permis de prendre des corps de devife dans la fable. La planette de Saturne , par exemple , avec ces mots, *aurea fæcla re-ducit.* Pour un Surintendant des Finances, le dragon qui gardoit les pommes d'or du jardin des Hespérides, avec ces mots, *servat & abstinet.* Pour un Grand-Maître d'artillerie, l'aigle de *Jupiter*, tenant la foudre dans ses serres, avec ces mots, *quò jussu Jovis.*

Il seroit ridicule de nommer dans la devise ce qui paroît par le corps, par exemple, de représenter un soleil avec ces mots, *sol perficit.*

La devise doit porter en elle-même une certaine obscurité, parce qu'il faut piquer la curiosité du lecteur ; ce qui est prouvé par l'exemple suivant. Un diamant avec ces mots, *je ne l'amollirai jamais*, pour parler d'un amant qui veut représenter la dureté du cœur de sa maîtresse.

Mais il faut donner des bornes à cette obscurité, parce que ce qui est si difficile à comprendre ne divertit pas. Comme cette devise que prit un Prince, pour marquer le respect qu'il portoit au Roi ; un soleil levant, avec la plante *lothos*, qui croît dans l'*Euphrate*, avec ces paroles, *hujus ad aspectum obscurum caput exerit undis.* On ne connoît pas la beauté de cette devise, si l'on ne sçait que le *lothos* se plonge bien avant dans le
fleuve

fleuve pendant la nuit , & s'éleve in-
fenfiblement au deffus de l'eau , à me-
fure qu'il eft frappé des rayons du foleil , qu'il étend fes feuilles , comme pour
rendre hommage à cet aftre du jour ; un
jufte milieu entre la clarté & l'obfcu-
rité , fait par conféquent la perfection
de la devife.

On eft heureux lorfqu'on peut faire
entrer le nom de la perfonne ; la devife
acquiert alors une nouvelle beauté ,
comme celle-ci du Cardinal *Crefcentio* ,
qui prit un croiffant tiré de fes armes ,
& un foleil tiré de celles du Pape ,
avec ces paroles , *afpice , crefcam.*

Celle du Cardinal *Colonne* , qui prit
une colonne , avec ces mots , *fulfit &*
ornat , n'eft pas moins heureufe.

On doit s'attacher à y faire entrer les
armes , comme dans celles du Pape Grégoire VIII , qui prit un dragon de fes
armes , avec ces paroles , *delubra ad fum-*
ma ; & comme le Cardinal Barberin ,
qui tira de fon écu des abeilles , avec
ces mots , *fulget noftris Ecclefia curis.*

La Maifon de M. le *Tellier* a des le-
zards ; on en a tiré un de fes armes ,
avec ces paroles , *hominis tutela lacertus.*
La beauté de cette devife porte fur la

double signification du mot *lacertus*, qui signifie bras & lezard.

Lorsque M. *Colbert* fit rendre compte aux partisans, il prit un serpent gardant les pommes du jardin des Hespérides, *prædonibus asper.*

La devise est heureuse lorsqu'on peut donner aux paroles d'un Poëte un sens auquel il ne songea jamais, comme on voit par l'exemple suivant. A la naissance des Enfans de France, on représente trois aiglons suivant un aigle, avec ces mots, *fortes creantur fortibus.*

Le hazard est encore bien plus heureux lorsqu'il présente un jeu de mots. Pour montrer, par exemple, une Dame morte en couche, on représente une aurore enfantant un soleil, avec ces paroles, *dum pareo, pereo* ; & lorsqu'on veut montrer que l'enfant est mort presque dès l'instant qu'il est né, on laisse pour corps la même aurore, avec ces mots, *dum orior, morior.*

Il faut observer que le corps humain ni ses parties n'entrent point dans la devise ; on y fait cependant entrer un œil au bout d'un sceptre, & une main sortant d'un nuage.

On doit tirer de l'art & de la natur

le corps des devises. La nature présente à l'esprit tous les êtres sensibles qui ont des propriétés particulieres ; les astres, les météores, les fleurs, les animaux, &c. L'art nous présente ses ouvrages, ses instrumens, comme miroir, compas, &c.

Le mot doit avoir du rapport à la figure. Le ministere de l'ame est en effet de déclarer une chose que la figure ne manifeste point, & qu'on ne peut connoître sans son secours : il ne doit point porter un sens achevé, parce que devant faire un composé avec la figure, il doit être partie, & non pas un tout. Les mots ne doivent pas excéder le nombre de cinq : cette sévérité exclut la devise de beaucoup de langues, comme des langues orientales & de celles du Nord.

On voit plusieurs sortes de devises ; devises héroïques, tendres, satyriques, burlesques, morales : on s'en sert pour célébrer les victoires, les conquêtes, les naissances, les mariages ; les Ordres de Chevalerie, les Académies, les villes & les maisons royales ont leur devise particuliere.

Le Trésor Royal prend un réservoir, avec ces mots, *servat & effundit.*

L'Académie, *disparitate pulchrior,* pour montrer que la diversité des sen-timens & l'inégalité des esprits font la beauté des conversations.

La République des Suisses prend une cavale fougueuse, sans mords & sans bride, avec ces mots, *dominum gene-rosa recusat.*

Une dame prit une main d'une Vestale gardant le feu sacré, avec ce mot *fovebo,* pour faire entendre qu'elle brûleroit à jamais pour son amant.

Un jeune homme prit un papillon qui se brûloit à la chandelle, avec ces mots, *ut potiar, patior.*

Celle-ci n'est pas moins expressive. Un amant prit une cassolette avec de l'encens qui brûloit, & ces mots, *dum placeam, peream,* pour montrer qu'il méprisoit la mort, pourvu qu'il fût assuré de plaire à sa maîtresse.

La Charité est représentée par un grand fleuve qui roule ses eaux doucement, avec ces paroles, *fert tacitus, quò fertur opes.*

L'Humilité est représentée par un ver à soie, travaillant dans sa coque, *operitur dum operatur.*

La mortification, la vie religieuse &
pénitente est représentée par une perle
enfermée dans une coquille, *dura me
tuentur.*

Jesus Christ mourant, sous un soleil
éclipsé, *languet & urit.*

Un arbre chargé de fleurs & de fruits
représente la Sainte Vierge, qui de-
meura vierge malgré l'enfantement,
avec cette devise, *florem non adimit
fructus.*

Henri II, Roi de France, prit le
croissant, & pour devise, *donec totum
impleat orbem.*

On prit la femelle du faucon, qui sur-
passe en force & en courage le mâle,
avec ces mots, *mares hæc fœmina vincit,*
pour montrer que la pucelle d'Orléans
étoit courageuse.

Celle que l'on fit à la naissance de
Louis XIII, qui naquit sous le signe
de la Balance, est des plus heureuses :
nascitur justus.

Celle qu'on fit sur la Reine, qui mourut le quatorzième jour du mois, est
admirable : on représenta une pleine
lune éclipsée, avec ces paroles, *eripi-
tur decimo quarto orbe pleno.*

Amiot, qui de simple fils de paysan

devint Grand Aumônier de France , prit pour devise un soc de charrue , avec ces mots , *splendescit ab usu.*

On représente un ingrat sous la figure d'une lune qui éclipse le soleil , *adimit quo ingrata refulget.* Un Juge corrompu , par un poisson pris à un appas , *dumque capit , capitur.* Un ami intéressé , par une sangsue , *dum satiatur adhæret.* Un parasite , par un âne mangeant des chardons , *pungant dum saturent.*

Si l'on vient de voir des devises aussi belles que nobles , on en va voir de burlesques qui furent faites par le même parasite. Comme on lui reprochoit son avidité , il répondit qu'il ressembloit à ses peres les Gaulois , qui étoient *initio pugna plusquàm viri;* il disoit de sa machoire , *mobilitate viget,* & qu'au milieu du repas , *vires acquirit eundo.* Comme on étoit surpris de le voir manger encore sur la fin du repas avec la même avidité; je justifie , disoit-il , cet axiome de Philosophie , *Motus violentior circa finem.*

Les devises ne sont pas anciennes. *Paul Jove ,* sous *Charles* VII , en a donné les premières règles; & c'est de ce temps qu'on commença à s'en servir

dans les tournois, fêtes, joûtes & car-
roufels.

Toutes fortes de figures & de couleurs entrent dans la compofition de
l'emblême, qui fert à inftruire tout le
monde.

Un homme étant repréfenté avec des
aîles à une main, & un poids à l'autre,
eft l'emblême d'un infortuné de mérite,
qui a des talens pour s'élever, mais
que les befoins de la vie accablent.

CHAPITRE XXV.

Du Cri de guerre.

LE cri de guerre eft très-ancien.
Nous lifons dans l'hiftoire que
quand les armées étoient fur le point de
donner, elles faifoient des cris épouvan-
tables pour s'infpirer la terreur. *Quinte-
Curce* dit que lorfque les troupes de
Darius eurent jetté des cris effroyables,
celles d'*Alexandre* leur répondirent par
des cris qui ne l'étoient pas moins.

Les Anciens fe fervoient auffi du cri
pour rallier les troupes dans la mêlée.
L'Enfeigne ou Cornette étoit chargé de

ce devoir , afin que par ce cri les troupes fe ralliaffent avec plus de vivacité fous les drapeaux.

Il y a quatre fortes de cris : le premier eft lorfqu'on ne fait que nommer le Généraliffime. Les troupes que commandoient le Duc de *Bourbon* , ne crioient autre chofe que *Bourbon* , *Bourbon*.

Le fecond cri eft le cri de joye , comme celui de *moult joye* , que *Clovis* , premier Roi chrétien , prit après avoir été baptifé , lequel mot a été changé par corruption en montjoye. C'eft par ce cri que ce Prince voulut témoigner fa joye d'être entré dans le fein de l'Eglife. Les Rois fes fucceffeurs ont ajouté *Saint Denis* , parce que ce Saint eft le patron de la France , de forte qu'on crioit enfuite montjoye-Saint Denis.

Les Ducs de Bourbon crioient *montjoye Notre-Dame*.

Les Ducs d'Anjou , *montjoye Anjou.*

Les Ducs de Bourgogne , *montjoye au noble Duc.*

Les Ducs de Bretagne , *Saint Malo , au riche Duc.*

Les Ducs de Normandie , *Diex aye , Dame Diex aye*, c'eft-à-dire *Dieu & Notre-Dame nous aide.*

La Maison de Montmorenci, *Dieu aide au premier Chrétien.*

Le troisième cri de guerre est celui de défi, lorsqu'on provoque quelqu'un au combat, comme celui dont se servoient les Comtes de Champagne, *passavant, passavant, bimeillor*, défiant par ces paroles les plus vaillans de l'armée à venir combattre contre lui.

Le quatrième cri est celui du guet ; les sentinelles se répondent les unes aux autres, pour prouver qu'on fait son devoir. On peut encore ajoûter celui de la victoire, lorsqu'en poursuivant l'ennemi, on crie *tue, tue.* On ne se sert plus des trois premiers cris dans les armées ; mais celui du guet ou du mot du guet est resté : on s'en sert dans toutes les occasions. On prend le premier mot qui vient dans l'idée, on y ajoute le nom d'un Saint : l'usage du mot du guet est très-important, puisqu'il sert à faire distinguer l'ami de l'ennemi.

CHAPITRE XXVI.

De l'écu pendant, & de la maniere ancienne d'enterrer les Chevaliers.

AVANT l'invention de la poudre, les anciens Chevaliers ne se servoient que de lances & d'épées. Lorsque la paix leur ôtoit l'occasion d'exercer leur valeur, ils alloient à la Cour des autres Princes défier les plus braves à la joûte, au fer émoulu, & à la lance mornée. Ils portoient quelquefois le portrait de leur maîtresse sur leurs boucliers, & soutenoient les armes à la main qu'elle étoit la plus belle, la plus sage & la plus spirituelle personne du monde. Ils faisoient souvent des défis pour soutenir la gloire de leurs Princes & de leur patrie. On en voyoit parmi eux qui gardoient des chemins ou des pas sur des ponts, ils pendoient à des piliers, ou à des colonnes, ou aux arbres, leurs écus ornés de leurs armes, & obligeoient tous les Chevaliers qui passoient à joûter contr'eux.

Comme cette manie étoit commune,

il arrivoit souvent qu'il y avoit plusieurs écus pendus aux mêmes endroits ; alors pour éviter la jalousie, celui qui vouloit passer frappoit au hazard avec sa lance sur un des écus , & celui à qui il appartenoit se présentoit pour combattre. Après le combat , le vaincu étoit obligé de dire son nom & son pays , & de donner un gage au vainqueur , afin qu'il pût librement publier la gloire qu'il s'étoit acquis dans cette occasion.

Olivier de la Marche nous apprend dans ses Mémoires que treize Cavaliers, dont le sieur de *Charni* étoit le chef, garderent un pas près de *Nuys*, à une lieue de *Dijon*, qu'ils appellerent l'arbre de *Charlemagne* ; il fit fermer une place autour de cet arbre , où on attacha un grand drapeau ; on y avoit peint les armes de ce Seigneur. On avoit attaché autour du drapeau deux petits écus , dont l'un étoit , semé d'armes noires pour les armes à pied ; & l'autre étoit noir , semé d'armes d'or , pour les armes à cheval ; de sorte que ceux qui vouloient combattre à pied , frappoient le premier écu , & que ceux qui préféroient le combat à cheval , frappoient le second. Les écus des douze Chevaliers étoient suspendus au même arbre avec leurs armes, blasons & cimiers.

Dès que *Charni* eut fait faire dans toute l'Europe la publication de ces écus pendans, il se fit plusieurs beaux exploits dans cet endroit, parce que les Chevaliers y accouroient de toutes parts.

Le Seigneur de *Hautbourdin*, bâtard de *Saint-Pol*, accompagné de cinq autres Cavaliers, appellés pélerins, parce qu'ils avoient pris le bourdon pour devise, garda un pas près de Saint-Omer, qui fut appellé ensuite le perron de la pélerine, parce que leurs écus étoient suspendus à un perron.

Le sieur de *Lalain* garda en Bourgogne le pas de la fontaine de *Plours*, près la ville de *Châlons*.

Dix Chevaliers garderent un pas fameux près de *Pontoise*, devant le château de *Sandricourt*; leurs écus étoient suspendus devant la porte du château. Tous ceux qui vouloient combattre étoient obligés d'envoyer par un Hérault leurs armes & preuves de quatre quartiers paternels & maternels. On combattoit en quatre endroits; on ap-

pelloit le premier la barriere périlleuse ;
elle étoit placée devant la porte du château. On y combattoit à pied à coups
d'épées tranchantes fans eftoc , jufqu'à
ce que les Juges & les Dames ordonnaf-
fent de ceffer le combat.

Le fecond lieu étoit deftiné au combat à cheval ; on l'appelloit le carrefour
ténébreux : il étoit clos. On avoit élevé tout autour des échaffauds , fur lef-
quels étoient dreffés des pavillons & des
tentes , pour que les fpectateurs fuffent
à couvert. Chaque Cavalier avoit un pavillon , fous lequel il s'armoit & fe dé-
farmoit.

On appelloit le troifième endroit le
champ de l'épine ; on y combattoit feul
à feul.

Le quatrième étoit la forêt où l'on
s'égare : tous les Cavaliers y combattoient contre tous ceux qui s'y préfentoient avec des armes égales.

Ceux qui gardoient les pas , dé-
frayoient pendant huit jours toutes les
perfonnes qui fe préfentoient pour les
leur difputer.

On lit auffi dans l'hiftoire l'entreprife
des treize Chevaliers en 1400 , le 6
Mars : ils portoient pour devife l'écu

verd, à la Dame blanche. On rapporte aussi l'entreprise du Chevalier sauvage, à la Dame noire, en 1507. Il est inutile de faire la description du fameux tournois que fit célébrer *Bayard*, surnommé le bon Chevalier, dans la ville d'*Aire* : nous nous contentons de dire qu'il faisoit présent aux vainqueurs d'un bracelet d'or de quarante écus pour leur maîtresse.

Il est rapporté dans le formulaire du tournois de *René d'Anjou*, Roi de *Sicile*, qu'auparavant que les Cavaliers tenans & assaillans combattissent, ils devoient porter au cloître de la principale Eglise leurs armes ornées de leurs casques, bourlets, mantelets, lambrequins & cimiers, avec leurs noms & devises ; après quoi les Juges du camp, les Rois d'armes ou les Héraults menoient les Dames dans le cloître. Si quelqu'une reconnoissoit le nom, devise ou armes de quelque Cavalier qui eut mal parlé d'elle, ou qui lui eut manqué de respect ou de fidélité, les Juges ou Héraults d'armes renversoient son écu, & le faisoient sortir du nombre des combattans.

Si quelque combattant se présentoit

fans avoir l'honneur d'être Gentilhomme, ou s'il fe fuppofoit des armes,
ou en prenoit de quelque famille, on
le condamnoit à faire le tour du camp,
la tête découverte, le cafque & l'écu
renverfé : quelquefois on pendoit fon
écu, fon cafque & fes armes renverfés
à un pilier, qui depuis a été nommé
pilori ; fes armes y étoient expofées à
la rifée de tous les fpectateurs, tandis
que les autres combattans recevoient
des applaudiffemens. Les Héraults d'armes tranchoient quelque partie de l'é-
cu, ou y ajoûtoient quelque pièce d'infamie : on tailloit ordinairement la
pointe droite du chef de l'écu.

Lorfque quelque Chevalier étoit convaincu d'avoir tué un prifonnier de
guerre, on raccourciffoit & arrondif-
foit fon écu par le bas de la pointe.

Celui que l'on convainquoit de men-
fonge & de flaterie, voyoit couvrir la
pointe de fon écu de gueules, & effacer les figures qui y étoient peintes.

Lorfqu'un Chevalier s'étoit expofé
témérairement, & avoit caufé par cette
imprudence quelque perte dans fon
parti, on marquoit le bas de fon écu
d'une pointe échancrée.

Si un Chevalier avoit rendu un faux témoignage, ou commis un adultere, on peignoit deux gouffets de fable fur les flancs de fon écu.

On couvroit d'un gouffet échancré & arrondi en dedans, le flanc de l'écu d'un Chevalier convaincu de lâcheté.

On peignoit une tablette au quarré de gueules, fur le cœur de l'écu d'un Chevalier qui avoit manqué de paroles.

L'écu de celui qui avoit violé ou ravi une fille, étoit peint renverfé fur un drap noir.

Lorfque quelqu'un étoit convaincu de trahifon, on diminuoit le premier jour les pièces de fes armes, & le lendemain on brifoit fon écu. Cette maniere de punir fut pratiquée par Edouard III, Roi d'Angleterre, contre un traître qui avoit vendu une place maritime que le Prince avoit confiée à fes foins & à fa fidélité. Il ordonna qu'on exposât fes armes renverfées dans la place publique, la pointe de l'écu en haut ; de fix étoiles d'or qu'il portoit, il en fit effacer deux, l'une en chef, l'autre à la pointe de l'écu. Il commanda le lendemain qu'on brifât entierement les armes du coupable, qu'il déclara traître &

roturier, lui & tous ſes deſcendans.

Comme on combattoit quelquefois pour connoître la vérité d'un fait ; ſi l'accuſé étoit vaincu & forcé à avouer ſa faute, on le faiſoit, ſuivant l'énormité du crime, paſſer par les mains d'un bourreau, on le faiſoit enſuite traîner ſur une claye, on le jettoit à la voirie ; ſes armes renverſées étoient attachées pendant quatre jours à un pilori élevé dans le lieu du combat. Si le crime n'étoit point d'une qualité à mériter une ſi grande punition, on retranchoit quelques piéces des armes du coupable, comme le pratiqua Saint Louis, en la perſonne de *Jean d'Avesnes*. On menoit en triomphe le vainqueur par toute la ville, on le préſentoit enſuite au Roi, à la Reine, aux Princes, aux Chevaliers & aux Dames.

Après avoir ſuffiſamment parlé des écus pendans, & de la ſévérité avec laquelle on puniſſoit les Chevaliers qui oublioient ou mépriſoient les devoirs de l'honnête homme, voyons quels honneurs funèbres on leur rendoit, quels étoient les tombeaux où on les inhumoit.

Il n'y a point d'occaſion plus propre à

développer les sentimens d'un ami ou d'un parent que le temps de la sépulture ; c'est alors que les amis & les parens du défunt témoignent par leurs regrets combien ils apprécioient les liens qui les unissoient à lui ; & comme c'est le temps où ils peuvent, pour la derniere fois, lui donner des marques de leur attachement, ils ne négligent rien dans les honneurs funèbres, pour faire voir qu'ils perdent en lui un parent tendre ou un véritable ami. Les Anciens plus pénétrés que nous dans ces tristes événemens, étoient d'une exactitude édifiante à remplir ce devoir. Ils poussoient le scrupule jusqu'à faire des tombeaux vuides, qu'ils appelloient *tumulus inanis*, pour leurs amis qui avoient fait nauffrage, ou dont le corps avoit été perdu dans quelque bataille. On auroit pu regarder ce pieux usage comme un exemple pour nous, s'il n'eût point été gâté par le principe sur lequel il étoit établi : ils croyoient que les ames des morts privés de sépulture, étoient errantes pendant cent ans sur les bords du Styx.

Nous voyons des traces de cette doctrine erronée dans les cinquième &

fixième livres de l'Eneïde de Virgile. Elevés dans cette erreur, ils faifoient faire des tombeaux à leurs amis qui n'avoient point eu le bonheur d'être inhumés, afin que leurs ames vinffent les habiter, & que par ce fecours elles évitaffent le fupplice imaginaire dont nous venons de parler.

Les Anciens mettoient au nombre des plus grands crimes celui de parler mal des morts & de troubler leurs cendres; bien différens de nous, qui attaquons avec lâcheté leur mémoire, parce que nous fçavons que la mort les a mis dans l'impuiffance de fe défendre.

Les fuperbes tombeaux antiques que nous admirons comme les chefs d'œuvre de l'art, les pyramides d'Egypte, le maufolée d'*Artémife*, font autant de témoignages certains du refpect que les Anciens avoient pour les morts.

Il y avoit parmi les Anciens autant de manières différentes d'enfevelir les morts, quil y avoit de Nations différentes. Les *Cafpiens*, par exemple, après avoir brûlé les corps des perfonnes qui avoient acquis quelque réputation, en avaloient les cendres; ils penfoient qu'on ne pouvoit pas donner des tombeaux plus glorieux à ces grands hommes que des sépulchres vivans.

Les Massagettes mangeoient le cœur & buvoient le sang de ceux qu'ils aimoient, & enterroient le reste.

Chez les Scithes, lorsqu'un homme de considération mouroit, on l'enterroit avec un homme vivant.

Les Egyptiens embaumoient les corps morts, & les transportoient de l'autre côté du Nil ; usage qui a donné lieu à la fable de Caron & de sa barque.

Les Hébreux enterroient les corps dans leurs jardins, après les avoir embaumés.

Les Romains faisoient brûler les corps dans des toiles incombustibles, & renfermoient les cendres dans des urnes, qu'ils mettoient dans des caveaux, avec des lampes ardentes, des petites statues de bronze, & des phioles pleines des larmes qu'ils avoient répandues.

On faisoit ordinairement les tombeaux sur les grands chemins ; de là vient cette expression si usitée dans les épitaphes, *sta viator*.

On n'introduisit jamais l'usage d'enterrer dans les temples consacrés aux

Dieux des Payens : nous voyons même que parmi les Chrétiens, douze cens ans se sont écoulés avant qu'on n'ait enterré dans les Eglises.

Comme anciennement chacun par émulation élevoit des tombeaux magnifiques à ses parens, on prit garde que cet abus ne devînt préjudiciable ; c'est pourquoi les Héraults établirent des regles, pour rendre à un chacun les honneurs qui lui étoient dûs.

Les Rois & les Princes étoient représentés sur leurs tombeaux, avec leurs cottes d'armes, & leur écu avec tous ses ornemens.

Les simples Gentilshommes qui mouroient au service du Prince, soit dans les armées ou dans les emplois, étoient représentés avec leurs cottes d'armes détachées, la tête découverte & sans casque, les yeux fermés, & les pieds appuyés contre le dos d'un lévrier.

Ceux qui mouroient le jour d'une bataille du côté des vainqueurs, étoient représentés l'épée nue & levée à la main droite, tenant de la gauche l'écu ; le heaulme en tête, ayant leurs cottes d'armes ceintes, & leurs pieds appuyés sur un lion.

Ceux que dans une bataille on trouvoit morts du côté des vaincus, étoient repréſentés ſans cottes d'armes, l'épée au côté dans le fourreau, la viſiere levée & ouverte, les mains jointes devant leur poitrine, & les pieds appuyés contre le dos d'un lion mort & terraſſé.

Le Gentilhomme qui avoit paſſé ſa vie au ſervice, & qui ſur ſes vieux jours entroit en religion & y mouroit, étoit repréſenté armé de toutes pièces par deſſus l'habit religieux, & l'écu de ſes armes ſous ſes pieds, en forme de planchette.

Celui qui avoit été tué en champ clos au combat d'honneur, étoit repréſenté armé de toutes pièces, la hache à côté de lui. Le vainqueur au contraire étoit mené à l'Egliſe pour rendre graces à Dieu : on le repréſentoit après ſa mort armé de toutes pièces, la hache entre les bras.

Ceux qui mouroient en priſon ſans avoir payé leur rançon, étoient repréſentés ſans éperon, ſans caſque, ſans cotte d'armes & ſans épée, mais le fourreau étoit pendu à leur côté.

Il faut cependant obſerver que ces regles n'ont pas été ſuivies exactement.

On voit des Seigneurs représentés à genoux, d'autres à demi couchés.

A quelque âge que mourût le fils d'un Gouverneur de place ou d'un Général d'armée, pourvû qu'il fût né dans une ville assiégée ou dans une armée, il étoit représenté sur la tombe armé de toutes pièces, la tête sur le heaulme en façon d'oreiller.

Les Ecclésiastiques étoient représentés avec les marques de leurs dignités & leurs habits sacerdotaux ; les Chanoines, en surplis, bonnet quarré & aumusse ; les Abbés, avec leurs mitres & leurs crosses tournées àgauche ; les Evêques, avec leur grande chappe, gantés, la crosse dans la main gauche, & donnant la bénédiction de la droite, les armes autour de leur tombeau, tenues par des Anges.

Les Ecclésiastiques qui avoient servi & qui avoient porté les armes contre les infidelles, avoient à côté d'eux la masse d'armes sans piquerons, parce que l'Eglise abhorre le sang.

Si l'on remonte au-delà de sept cens ans, on ne trouve point d'armoiries sur les tombeaux ; on n'y voit que quelques épitaphes qui nous éclairent quel-

quefois fort obfcurément fur les faits
des perfonnes. On voit fur les tombeaux
des Princes & des perfonnes conftituées
en dignité, leurs figures repréfentées
armées ou vêtues de longues robes
fans blafon, leurs boucliers vuides &
fans figure. On voit même beaucoup de
tombeaux fans épitaphes & fans infcrip-
tions; c'eft pourquoi lorfqu'on trouve
des tombeaux anciens avec du blafon,
s'ils remontent à une ancienneté plus
reculée que celle dont nous venons de
parler, il ne faut point prendre le chan-
ge, & l'on doit être perfuadé que ce
font des tombeaux qu'on a refaits, &
qu'on a chargés de blafon.

CHAPITRE XXVII.

Des portions particulieres de l'Ecu.

IL eft étonnant que l'ambition, qui
reglée par une raifon faine, renferme les germes des vertus les plus fublimes, foit devenue dans les hommes
une paffion qui eft la fource de l'intérêt
& de l'envie. Dans ces temps heureux

où

où l'aimable simplicité animoit le cœur des hommes & les portoit à la vertu, *le tien & le mien* n'étoient point connus : tout étoit à tous, & à chacun en particulier, parce que l'orgueil n'avoit point encore corrompu les hommes par ce defir affreux de la propriété, caufe principale des divifions & des querelles qu'ils fe fufciterent. Cette aimable harmonie qui fait les charmes de l'humanité, & dont nous-mêmes, quoique policés, ne fentons point affez toute la douceur, ceffa dès que les uns afpirerent à la gloire de dominer fur les autres. Comme on ne pouvoit parvenir à une fin fi injufte que par une force fupérieure, il fallut armer des bras deftinés par l'Etre fuprême à la culture de la terre ; on inventa des armes & des machines meurtrières ; & l'on vit des mains, auparavant accoutumées à manier la charrue, armées d'un fer meurtrier, & fe plonger dans le fang humain. C'eft de ce principe funefte que les épées, les haches d'armes, les frondes, les fléches, les fufils, les canons, les mortiers, les boucliers, les cottes d'armes, les morions, & toutes les autres efpèces d'armes offenfives & défenfives, ont tiré leur origine. Poffédés du démon de la propriété , les hommes s'attrouperent les uns contre les autres , & fe battirent avec la derniere fureur. Ceux qui fortoient avec la vie de ces combats périlleux, rapportoient ordinairement leurs boucliers percés de fléches , hachés & taillés par les coups qu'ils avoient reçus & parés dans la mêlée ; & plus leurs écus paroiffoient avoir été frappés , plus on donnoit de gloire à ceux qui les portoient. C'eft fans doute de cette idée de gloire qu'eft venu le proverbe italien , à l'égard des drapeaux & des enfeignes , *piu lacerata , piu bella*. De là vint auffi l'ufage de faire peindre ces hachures fur les boucliers ; de forte que lorfque l'on confacroit quelque ftatue à la poftérité , pour conferver la mémoire d'un guerrier fameux , on repréfentoit fon écu de la même maniere qu'il l'avoit remporté du combat , c'eft-à-dire couvert de ces fortes de hachures ou brifures.

Mais de peur qu'il ne fe gliffât quelque abus , & que quelqu'un ne s'avisât de faire peindre fur fon écu, fans l'avoir mérité , autant de hachures qu'il voudroit, on choifit un certain nombre de vieux cavaliers d'une probité éprou-

vée ; on leur confia la diſtribution de
ces hachures, que l'on diviſa en quatre
principales parties, qui ſont,

       parti,
       coupé,
       tranché,
       taillé,

ſuivant les quatre manieres principales
dont on frappe ſon ennemi ; d'où l'on
doit conclure que le Blaſon doit ſon origine aux coups que l'on portoit & que
l'on recevoit à la guerre. *Tite-Live* remarque que les Gaulois faiſoient peindre ſur leurs écus les coups qu'ils recevoient dans les combats ; ce qui prouve
qu'ils ſe ſervoient de l'épée tranchante.
Nous voyons en effet que les Allemands
qui ont conſervé dans les combats l'u-
ſage de cette épée, que l'on appelle aujourd'hui ſabre, ſont ceux qui ont plus
fréquemment des hachures dans leurs
armoiries.

Luſerne, en Suiſſe, porte d'argent,
parti d'azur.

Soleure, d'argent, coupé de gueules.

Caponi, à Florence, porte de ſable,
tranché d'argent.

Pelgelm, en Allemagne, porte taillé
d'or & d'azur.

Biron porte écartelé d'or & de gueules.

Plusieurs se sont trompés jusqu'à présent dans la maniere de blasonner le parti, le coupé, le tranché & le taillé. Ils ont cru qu'il falloit toujours commencer par le haut de l'écu, qu'ils apprennent donc que le bas de l'écu en est toujours le fond, & que le haut en est la pièce tranchée, partie, taillée & coupée.

Lorsque l'écu est parti & coupé, on l'appelle écartelé; s'il est tranché & taillé, on l'appelle écartelé en sautoir; s'il est coupé de deux traits paralleles, on l'appelle tiercé, c'est-à-dire divisé en trois.

L'écu peut être tiercé de quatre manieres; en pal, c'est-à-dire si les deux traits paralleles sont perpendiculaires; comme de *Roi* porte tiercé en pal, de gueules, d'argent & d'azur.

Bergues, d'azur, coupé de sable, tiercé d'argent.

Lauzun, tiercé en bande d'or, de gueules & d'azur.

De *Mortagne*, tiercé en barre d'argent, de gueules & de sable.

Quand l'écu a les quatre traits, c'est-à-dire qu'il est parti, coupé, tranché taillé, on l'appelle écartelé de huit, comme *Grofle*, en Dauphiné, qui porte écartelé de huit. Plufieurs le confondent avec le gironné ; mais il y a une différence fenfible, car on fait le gironné par des lignes diagonales, & il peut être de fix ou de huit pièces. *Maugiron*, en *Dauphiné*, par exemple, porte gironné d'argent & de fable, de fix pièces. La famille des *Berangers*, de la même Province, porte gironné d'or & de gueules, de huit pièces, d'où on prétend que leur eft venu ce nom : *Berengarius*, *quafi benè gironnatus* ; *Berenger*, comme qui diroit *bien gironné*.

De ces quatre différens traits, qui font le parti, le coupé, le tranché & le taillé, fortent une infinité d'autres hachures.

Car l'écu peut être parti & tranché.

Il peut être parti & taillé.

Il peut être auffi parti de trois traits.

Il peut être mi-parti, mi-taillé, mi-coupé, mi-tranché.

Il peut être mi-taillé en chef, & mi-coupé.

Il peut être parti d'argent, & tranché de gueules.

Il peut être mi-taillé, mi-coupé de gueules & d'argent. I iij

Il peut être coupé, taillé, mi-parti, mi-tranché en chef de fable & d'argent.

Il peut être parti, tranché, mi-coupé, mi-taillé vers le chef, de finople & d'argent.

Il peut être parti, taillé, mi-tranché vers le chef, mi-coupé à droite d'argent & d'azur.

Il peut être parti, tranché en cœur, & retranché d'or fur gueules.

Il peut être mi-parti, mi-coupé à droite, mi-tranché, mi-taillé en chef d'or & d'azur.

Il peut être mi-parti, mi-coupé à droite, mi-tranché, mi-taillé vers la pointe, de fable & d'argent.

Il peut être coupé, tranché, mi-taillé en chef, mi-parti vers la pointe, d'argent & d'azur.

Il peut être tranché, & détranché, & retranché, d'argent & de fable.

Il peut être taillé, tranché & retranché vers le chef, & retaillé, d'or & de gueules.

Il peut être coupé, mi-tranché, mi-taillé vers la pointe, d'argent & d'azur.

Il peut être coupé & affemblé de deux pièces de l'un en l'autre, d'argent & d'azur.

Il peut être de sable, parti d'argent, assemblé en potence de quatre pièces de sable, de l'une en l'autre.

Il peut être parti & enclavé d'argent & de gueules, de deux pièces.

Il peut être tranché & éclaté de sable & d'argent.

Le terme éclaté signifie que l'écu a été frappé d'un coup de massue, qui l'a fait éclater, au lieu que l'épée tranche net.

Darpo, à *Venise*, porte mi-coupé à gauche, tranché en cœur, & recoupé à droite d'argent sur azur.

Aufberg, en *Baviere*, porte coupé à gauche, parti en cœur, & recoupé à droite d'argent sur sable.

Girsdorst, en *Siléfie*, porte coupé de gueules, sur parti d'argent & de sable.

CHAPITRE XXVIII.

Des Pièces honorables de l'Ecu.

NOus avons déja dit qu'on n'avoit commencé à donner des règles dans le Blason, que du temps des expéditions militaires des Croisades. Les braves de ce temps prirent d'abord pour pièces de leur blason tout ce qui avoit rapport au casque, à la lance, à l'épée & à tous les autres instrumens dont ils se servoient pour attaquer & pour se défendre : il convient donc de parler des pièces qui leur parurent les plus honorables, & dont ils ornerent leurs écus.

On les appelle pièces honorables, ou parce qu'elles doivent être placées dans la partie la plus honorable de l'écu, ou parce qu'elles en occupent le tiers, ou parce qu'elles représentent les instrumens de guerre offensifs & défensifs, & qui étoient les plus nécessaires à ces valeureux guerriers : on en compte dix.

Chef,
Pal,

Fasce,
Bande,
Barre,
Croix,
Sautoir,
Chevron,
Bordure,
Orle;

auxquelles on ajoûte

Pointé,
Ecu en abysme,
Ecu sur le tout,
Franc quartier,
Pairle.

Le chef représente

le Casque,
le Bandeau royal,
la Couronne,
le Bourlet,
le Cercle

qui couvre la tête de celui qui mérite d'en être honoré.

Le pal représente la lance.
La fasce,   la cuirasse.
La bande,   le baudrier.
La barre,   l'écharpe.
La croix,   la fasce & le pal, ou
               l'epée & la cuirasse.
Le sautoir,   l'écharpe & le baudrier.

I v

Selon M. de la *Roque*, 　　le guidon.
Le chevron, 　　　　　　　les éperons.
La bordure & l'orle, 　　　la cotte d'armes.

Le chef eſt aux armes ce que la tête eſt aux hommes ; d'où l'on préſume avec raiſon que des hommes illuſtres mirent le chef dans leurs écus, pour montrer qu'ils étoient les premiers dans leurs familles. Les Généraux d'armées, ſans doute guidés par une raiſon à peu près ſemblable, mirent auſſi le chef dans leurs écus.

Le chef conduit à une réflexion ſublime ſur un trait de l'écriture. Les deux Seraphins, dans la viſion d'*Iſaie*, avoient chacun ſix aîles, dont deux couvroient le chef & deux les pieds ; belle leçon qui devroit confondre nos matérialiſtes auſſi ſuperbes qu'inconſéquens. Ces aîles, en effet, qui couvrent les deux extrêmités, ne nous diſent-elles pas que l'éternité avant le temps eſt auſſi incompréhenſible que l'éternité après le temps, & que le milieu des Séraphins que l'on apperçoit, eſt le ſymbole de la manifeſtation de Dieu aux hommes dans les ſiécles ? Rien en effet de plus ſupérieur aux connoiſſances humaines, & rien de plus impénétrable aux foibles mortels, que la fin & le commencement.

Il fe peut que d'autres ayent été déterminés à prendre le chef dans leurs armes, pour faire entendre qu'ils ne connoiffoient pas eux-mêmes la véritable origine de leur famille, parce qu'elle étoit trop ancienne.

Les Egyptiens qui avoient quelques connoiffances des faintes écritures, entendoient par chef le commencement de quelque chofe. Ils avoient une vénération fi fcrupuleufe pour les chefs ou têtes des animaux, qu'ils n'en mangeoient jamais : ils auroient cru offenfer la divinité, parce qu'ils regardoient tous ces petits chefs comme autant d'images du Chef invifible.

Artemidore prétend que le chef dans les fonges & les divinations fignifie l'opulence. Ne feroit-ce pas, en fuivant cette idée fymbolique, que l'on auroit donné le nom de tête ou tefton à quelques monnoies que l'on voit encore aujourd'hui ? & cette même idée n'auroit-elle pas déterminé certaines familles à prendre le chef dans leurs armes, comme l'emblême de leurs richeffes ?

On remarque que fous l'empire de

Néron, toutes les statues des Césars furent frappées de la foudre, & que les têtes tomberent ; on prit cet événement comme un présage assuré de l'extinction prochaine de la famille des Césars.

Le chef simple est le plus noble ; mais on le varie de cent manières, soit par les différentes échancrures qu'on lui donne, soit par les différentes pièces dont on le charge.

Par exemple, on porte quelquefois d'argent, au chef cannelé de gueules.

D'or au chef engreslé d'azur.

Ou bien de gueules, au chef d'argent couvert d'azur.

On n'est point d'accord sur le mot couvert ; quelques uns prétendent qu'il signifie couvert de quelque bout de pavillon ou de tapisserie. Je pense que cette signification n'est pas juste ; je croirois plutôt qu'on doit l'entendre du bandeau royal ou de quelque marque de dignité, parce que dans les figures hiérogliphiques un front bandé étoit une marque de seigneurie. Nous voyons qu'en Egypte, le chef, qui représentoit le firmament ou le ciel, étoit la partie la plus noble du Dieu Sérapis, sous la figure duquel les Sages avoient caché au vulgaire la machine du monde. Les Egyptiens à qui l'on doit ces grandes inventions, ne penſoient point qu'il y eût à l'avenir des hommes qui porteroient dans leurs armes un chef d'azur, ſans ſçavoir à qui l'on en devoit l'origine.

On porte quelquefois d'argent, au chef donché de gueules.

D'argent, au chef dentelé de ſable.

De ſable, au chef d'argent, crenelé de deux pièces.

D'argent, au chef d'or, ſoutenu de gueules.

D'argent, au chef d'azur, ſurmonté d'or.

D'argent, au chef de gueules, alaiſé d'azur.

De gueules, au chef d'or rempli de gueules, ou bien d'azur, au chef couſu d'azur ou bordé d'or.

D'argent, au chef d'azur, vêtu à gauche d'or.

D'argent, au chef de gueules, chapé à droite d'or.

D'argent, au chef de ſable, chapé à gauche de gueules.

D'argent, au chef de ſable, chapé, renverſé à gauche, d'or.

D'argent , au chef de gueules , à droite d'or.

D'argent , au chef de gueules , à gauche d'or.

De gueules , au chef coufu de fable.

D'argent , au chef de fable , chargé de trois befans d'or.

D'argent , au chef parti, coupé, tranché , taillé de huit pièces d'azur.

D'argent , au chef échiqueté d'or & d'azur de trois traits.

D'argent , au chef lozangé d'or & d'azur.

De gueules , au chef d'argent, chapé de fable.

D'argent , au chef mantelé de fable.

D'argent , au chef de gueules , chaperonné d'or.

D'azur, au chef d'argent , émanché de gueules.

De finople, au chef d'argent , chauffé de gueules.

D'argent , au chef d'azur , vêtu d'or.

D'argent, au chef de gueules , atouré d'argent.

D'argent, au chef d'argent , foutenu d'un autre chef de gueules ; ce qui peut paffer pour une fafce houffée.

D'argent , au chef fleuronné de gueules.

D'argent, au chef de gueules, enté de quatre piéces d'argent sur six de gueules.

D'argent, au chef de sable, nébulé d'or.

D'argent, au chef de sable, brodé d'or.

Nous ne poursuivons point exactement l'énumération des différentes sortes de chefs ; ils ont été diversifiés suivant le nombre infini de raisons qui peuvent avoir porté nos ancêtres à inventer toutes ces différences. D'ailleurs nous nous modelons sur tous les Auteurs qui ont traité du Blason, & qui n'ont rien dit de positif sur cette matiere, plutôt que de nous abandonner à l'imagination.

Les Modernes ont cela de commun avec les Anciens, qu'ils représentent la divinité sous une seule tête. Nos Peintres représentent la Trinité sous trois ; on représente aussi les Anges avec des têtes. On voyoit dans les enseignes de l'Empereur *Théodose* deux Génies avec des têtes d'homme, & ces paroles, *divina providentia.* Si l'on considere la tête suivant sa forme, elle ressemble à un petit monde en miniature. Les Anciens avoient une si grande idée du

chef, qu'ils ne juroient que par cette
partie, & cette haute eftime a été de
tous les temps, puifque le chef eft la
partie de préférence que l'on grave fur
les médailles & fur les monnoyes.

Les *Milefiens* firent graver fur leur
monnoye le chef de *Sapho* ; ceux de
Chio, celui d'*Homere* ; ceux de *Man-*
-toue, celui de *Virgile*. Selon *Trabellius*,
la famille des *Macriens*, de fon temps
une des plus illuftres de *Rome*, portoit
la tête d'*Alexandre*, les hommes en forme de collier d'Ordre, & les femmes
en façon de braffelets.

Les Romains trouverent, en jettant
les fondemens de *Rome*, la tête d'un
homme : ils confulterent l'Oracle, dont
la réponfe les perfuada que cette ville
deviendroit la capitale de l'univers. On
peut donc affurer que le chef eft la pièce
la plus honorable de l'écu, puifqu'elle
repréfente la tête de l'homme, & que
cette partie eft la plus confidérable d'un
tout auffi parfait.

CHAPITRE XXIX.

Du Pal.

LE pal eſt cette pièce perpendicu-
laire, qui diviſe l'écu de haut en
bas, & repréſente la lance, une des armes les plus nobles que les Ecuyers por-
taſſent, puiſqu'ils s'en ſervoient à la
guerre, aux carrouſels & aux tournois.

Si l'on remonte à l'étymologie du mot
pal, on verra qu'il vient d'une eſpèce de
pieu dont les Anciens ſe ſervoient
pour fermer leur camp : les ſoldats
étoient obligés d'en apporter comme ils
apportent à préſent la faſcine. On appelloit vergette le diminutif du pal,
parce qu'entre les deux grands pals on
en entrelaſſoit des verges ou vergettes,
pour rendre cette clôture & plus ferme
& plus ſolide : de même qu'il y a pluſieurs chefs, il y a auſſi pluſieurs pals.

D'argent, au pal de ſinople.

D'argent, au pal aiguiſé de gueules.

D'argent, au pal de gueules raccourci.

D'argent, au pal patté de gueules.

De ſinople, au pal d'argent, bordé
de gueules.

D'argent, au pal de gueules mi-
taillé de six pièces, trois à droite &
trois à gauche.

Le pal peut encore signifier ces grosses
poutres, dont on se servoit anciennement pour ébranler les murs d'une ville
ou d'une forteresse ; de sorte que si
nous le considérons comme lance,
on peut dire qu'il est l'emblême de la
générosité & de l'adresse dans les tournois & dans les batailles , & si nous le
considérons comme poutre ou bélier,
nous le prendrons pour le vrai symbole
du courage & de la fermeté à surmonter
les obstacles les plus périlleux & les
plus difficiles.

CHAPITRE XXX.

De la Fasce.

LA fasce est cette partie qui passe
d'un flanc à l'autre , & couvre le
milieu de l'écu. On entend ordinairement par le mot fasce , la cuirasse qui
couvre le cavalier. On lui a donné aussi
quelquefois la signification de l'écharpe,
dont le cavalier se ceint : elle est une

pièce des plus honorables ; les Anciens ont pensé qu'elle étoit aussi illustre que la couronne.

Valere Maxime remarque que *Favonius* ayant vu que *Pompée* lioit sa jambe avec une jarretiere ou écharpe blanche, il crut qu'il prétendoit à la royauté, lorsqu'il disoit qu'il n'importoit pas enquelle partie du corps étoit le bandeau royal : & *Plutarque* rapporte que *Tigranne*, Roi d'Arménie, mit une écharpe blanche aux pieds du même *Pompée*, pour faire voir qu'il lui abandonnoit le Royaume.

Nous apprenons de *Suetone* qu'un courtisan attacha avec une écharpe blanche une couronne de laurier à la tête d'une des statues de César, que les Tribuns la firent ôter, & ordonnerent que celui qui l'avoit mise seroit conduit en prison, comme ayant fait injure à *César*, qui avoit autrefois déclaré qu'il ne prendroit jamais le nom odieux de Roi.

On porte quelquefois

D'argent, à la fasce de sinople.

D'argent, à la fasce de gueules.

D'argent, à la fasce de gueules échancrée.

D'argent, à la fasce de sinople, échan-crée en cœur.

D'argent, à la fasce coupée, la plus haute partie de gueules, & la plus basse de sinople.

D'argent, à la fasce écartelée, de sinople & de gueules.

D'argent, à la fasce, parti d'azur & d'or.

D'argent, à la fasce parti tranchée, taillée d'azur & d'or.

D'argent, à la fasce tranchée, taillée d'azur sur argent.

D'argent, à la fasce gironnée d'or & d'azur.

A la fasce componée ou composée de huit pièces d'or & d'azur, coupée de gueules à deux compons d'argent.

D'argent, à la fasce échiquetée d'azur & d'or de trois traits.

La Maison d'*Autrich* porte de gueules, à la fasce d'argent, parce que *Léopold* II, Duc d'*Autriche*, revenant d'un combat contre les Infidelles, sa cotte d'armes qui étoit de toile d'argent, étoit si trempée de sang, que quand on lui ôta son écharpe, il ne paroissoit rien de blanc que l'espace qu'elle couvroit; de sorte qu'à la priere de ses courtisans, il changea les armes de ses prédécesseurs , qui étoient d'azur à cinq alouettes d'or , passées en sautoir , & prit de gueules , à la fasce d'argent.

CHAPITRE XXXI.

De la Bande.

LA bande est cette pièce diagonale qui part de l'angle droit , & que l'on tire vers l'angle gauche du bas de l'écu. Nous avons dit que la bande se prenoit pour le baudrier , appellé par les Latins *balteus* , ou *bulla* , lorsque l'écu servoit à couvrir le cavalier. *Bulla* signifie ces petites ampoules d'eau qui se forment lorsque la pluye tombe à grosses gouttes , & ces ampoules ressemblent assez à des têtes de clous dont les Anciens ornoient leurs baudriers.

On porte quelquefois d'argent , à la bande de sinople.

D'argent , à la bande écartelée de gueules & de sinople.

De sinople , à la bande d'argent , chaussée de gueules.

De sinople, à la bande d'argent, chapée de gueules.

De sinople , à la bande partie de gueules & d'or.

A la bande de sinople pattée.
D'azur chargée de trois couronnes.
Componée de cinq pièces.
Lozangée,
Crenelée,
Azurée,
Ondée.

CHAPITRE XXXII.

De la Barre.

ON a confondu long-tems la bande
avec la barre, & l'on a prétendu
qu'il étoit indifférent de mettre le baudrier du côté gauche ou du côté droit,
fondé sur ce que quelques Nations le
portent d'un côté, & quelques autres
de l'autre. Il est des personnes qui sou-
tiennent que la barre n'a été inventée
que pour distinguer ceux qui viennent
du côté gauche ; je conviens que cet
usage a beaucoup prévalu. Il est cependant certain que la barre représentoit
autrefois l'écharpe ; mais comme nous
en avons parlé en traitant de la fasce,
je dirai seulement que les Allemands
portent l'écharpe en fasce, & les François en bande & en fasce.

Les François la portent blanche.
Les Espagnols , rouge.
Les Allemands , noire.
Les Hollandois , orangée.
Les Catalans , noire.
Les Anglois & les Danois , azurée.

L'Ordre de la Bande fut institué en Espagne, en 1368, par le Roi Alphonse, fils du Roi *Ferdinand*. Les Grands d'*Espagne* en furent Chevaliers , ils portoient une bande de gueules , en forme d'étoile ; elle descendoit de l'épaule droite jusqu'au flanc gauche.

On porte aussi quelquefois
à la bande de sinople ,
à la bande coupée ,
à la bande écartelée en sautoir ,
à la bande partie ,
écartelée ,
chapée.

De sorte que tout ce chapitre de la barre regarde plutôt celui de la bande , puisque , comme nous venons de l'observer , l'une & l'autre ont été long-temps confondues , & qu'on n'y trouve en effet que la différence que nous avons fait remarquer.

CHAPITRE XXXIII.
De la Croix.

LORSQUE Saint Paul annonçoit le mystere de la rédemption, les Juifs étoient scandalisés de la sainte doctrine de la croix , & les Gentils la regardoient comme une extravagance. Nous pouvons néanmoins assurer qu'il semble que le Verbe avoit voulu de tout temps dessiner dans toute la nature l'instrument sur lequel il devoit nous donner cette marque de son amour : on diroit même qu'il a inspiré aux Payens de la vénération pour une chose dont ils ne connoissoient point le prix.

Les Anciens ont révéré la croix , puisqu'elle étoit gravée sur la poitrine du Dieu *Serapis*. Nous lisons dans l'histoire qu'après que l'*Egypte* fut subjuguée , on trouva dans le Temple du même Dieu plusieurs chiffres hiérogliphiques , entr'autres la croix. *Celius Rodiginus* dans ses Leçons attiques , rapporte que les Prêtres & les Philosophes faisoient une estime particuliere de la croix.

Ne

Ne voyons-nous pas en effet que presque tout dans la nature repréfente la figure de la croix ? Les quatre points cardinaux ne la forment-ils pas ? Selon tous les Philofophes, les rayons de la lumiere ne fe portent & ne fe communiquent qu'en fe croifant. La croix eft repréfentée dans tous les corps des créatures ; les oifeaux la deffinent en volant, l'homme en nageant, & lorfque pour marque de reconnoiffance des bienfaits qu'il reçoit tous les jours de l'Etre fuprême, il lui rend le culte qui lui eft dû par fes ferventes prieres ; car, felon *Apulée*, on prioit Dieu les bras élevés en croix.

On fçait par une ancienne tradition, que l'étoile qui fervit de guide aux Mages qui allerent adorer l'enfant dans l'étable de *Bethléem*, avoit la figure d'un jeune enfant, tenant un fceptre en main fait en croix. Nos anciens Paladins auffi braves que zélés, pour ôter aux infidéles cette facrée marque de notre rédemption, prirent la croix dans leurs armoiries & la diverfifierent.

L'Empereur *Conftantin*, furnommé *le Grand*, détruifit l'idolatrie, & triompha de fes ennemis par le fecours de la

Tome I. K

croix, qu'on nomma dans la fuite *Labarum*, ou croix Conſtantine : les ſoldats la portoient ſur leurs caſaques. Elle fut ſi précieuſe aux Empereurs ſes ſucceſſeurs, qu'ils en firent fabriquer une d'or pur, & l'enrichirent de pierres précieuſes, la firent porter ſur un char de triomphe, & en confierent la garde aux plus vaillans de l'armée, qu'on nomma *Præfecti labari*.

Les Nations en général prirent des croix pleines, comme les plus honorables.

Les François, d'argent.
Les Eſpagnols, de gueules.
Les Italiens, d'azur.
Les Allemands, de ſable.
Les Saxons, de ſinople.
Les Anglois, d'or.

Les Chevaliers & Seigneurs qui ſe trouverent aux Croiſades, prirent auſſi des croix ; les Héraults d'armes les donnerent & les diverſifierent. Lorſque ces braves Chevaliers avoient fait quelque action diſtinguée, ils ſe préſentoient aux Héraults, qui leur donnoient des croix, ou chargeoient celles qu'ils avoient déja de quelques pièces, pour

fervir de témoignage à l'action glorieufe qu'ils avoient faite. Les Ducs de
Savoye ont la croix dans leurs armes,
parce qu'ils conferverent *Rhodes*.

Savoye, de gueules, à la croix d'argent.

D'autres, à la croix racourcie, alaifée.

Au pied fiché.

Ecartelée d'or & d'azur.

Mouffue ou alaifée.

De cinq pièces d'azur fur gueules, de
fable contre finople, le tout confronté
au cœur d'or.

Ondée,
pomée,
bourdonnée,
pattée,
échiquetée.

CHAPITRE XXXIV.
Du Chevron.

LE chevron est un composé de deux bandes plattes, appomées par la tête ; il est l'emblême de la protection & de la conservation : il est dans les figures hiérogliphiques ce qu'il est dans les bâtimens. Ceux qui ont le chevron dans leurs armes doivent être regardés comme des gens dont les ancêtres ont été le soutien & l'appui des royaumes & de leurs Princes. Selon *Pierius*, il est le symbole de la constance & de la fermeté ; c'est pourquoi le chevron est compté parmi les pièces honorables : il pourroit bien aussi avoir été donné à un homme qui auroit resisté aux mouvemens de sa colere, ou à l'insolence d'une populace mutinée.

Chevron de gueules ,
abaissé ,
haussé ,
contre-chevronné ,
alaisé ,
rompu à droite ,
brisé ,

couché à droite ,
couché à gauche ,
renverſé ,
contrepointé.

CHAPITRE XXXV.
Du Sautoir.

O N pourroit entendre du ſautoir
ce que nous avons dit de la croix ;
car on dit ſautoir , à la croix de *Bour-*
gogne : il y a cependant quelque différence entre ces deux figures. La croix
eſt , comme nous l'avons dit , un compoſé du pal & de la faſce ; le ſautoir eſt
compoſé de la bande & de la barre.

De gueules ,
de gueules racourci ou alaiſé.

CHAPITRE XXXXVI.

De la Bordure & de l'Orle.

IL y a une telle reſſemblance entre la bordure & l'orle, que l'on peut aiſément les confondre. La bordure eſt une pièce honorable, qui environne l'écu : l'orle eſt bien auſſi une eſpèce de bordure, mais avec cette différence qu'elle ne couvre pas le bord de l'écu, & qu'au contraire elle s'en écarte un peu : ces deux pièces ſont dans le Blaſon l'emblême de la protection, de la faveur & de la récompenſe.

La Maiſon d'*Oropeza*, ſurnommée de *Tolede*, en Eſpagne, porte échiquetée d'argent & d'azur, à la bordure componée de *Caſtille* & de *Léon*, parce qu'un de cette Maiſon avoit rendu dans ces Provinces des ſervices importans au Roi d'*Eſpagne*.

Les Rois d'*Ecoſſe* portoient à la double orle fleurdeliſée & contrefleurdeliſée, à cauſe de l'ancienne alliance qui ſubſiſtoit entre ce Royaume & celui de France, depuis *Charlemagne* & le Roi

Achaius. Les Ecoſſois avoient en effet rendu des ſervices importans à la France, & principalement à *Charles* VII, lorſque les Anglois ſe rendirent maîtres de preſque tout le Royaume.

La Maiſon de *Salvaing* porte la bordure de France, parce que cette Maiſon a rendu des ſervices conſidérables à nos Rois dans les négociations.

La bordure peut être
    coupée,
    componée,
    chargée,
    donchée,
    dentelée.

CHAPITRE XXXVII.
De la Pointe.

LA pointe eſt une eſpèce de figure mi-tranchée, mi-partie vers le bas.

CHAPITRE XXXVIII.

De l'Ecu en abysme.

L'Ecu en abysme est un petit écu alaisé, qui semble se perdre dans le milieu de l'écu.

CHAPITRE XXXIX.

De l'Ecu sur le tout.

L'Ecu sur le tout est un écu que l'on met dans le milieu, après avoir rangé dans l'écu toutes les alliances que la famille a faites.

CHAPITRE XL.

Du Franc Quartier.

LE franc-quartier est la quatrième partie de l'écu, qui se forme d'un mi-parti, mi-coupé.

CHAPITRE XLI.

De la Pairle.

CE qu'on appelle pairle est une figure à peu près semblable à un Y.

Quelques-uns prétendent que le franc-quartier, la bordure & l'orle sont des brisures de l'écu.

D'autres disent que la pairle, l'écu en abysme & l'écu sur le tout ne sont point des pièces honorables, parce qu'on n'a aucune connoissance exacte de la pairle ; on ne sçait au vrai ce que c'est.

L'écu sur le tout & l'écu en abysme ne sont point pièces de l'écu, mais un tout en eux-mêmes ; ou si quelquefois ils sont pièces, ce n'est qu'accidentellement.

K v

CHAPITRE XLII.

Des Figures hiérogliphiques, & des Médailles des Anciens.

L'HIÉROGLIPHE est une figure, qui quoique muette, exprime énergiquement la pensée, rapporte clairement un fait historique, & nous instruit des coutumes & des mœurs d'un peuple. Les *Egyptiens* cachoient sous de semblables figures les sciences & la connoissance des choses sublimes, afin qu'elle ne pût parvenir jusqu'au vulgaire, qu'*Horace* appelle avec raison profane. On prétend que ce peuple autrefois si sage, conséquemment si heureux, inventa les hiérogliphes, dont les autres Nations se servirent après en avoir pressenti toute l'utilité.

En effet, les hommes n'ayant point encore le secours de l'écriture, il étoit naturel qu'ils recourussent à la peinture & à la sculpture. Les hommes illustres laisserent donc à leur postérité leurs grandes actions & leurs exploits peints, gravés, sculptés, ou relevés en bosse.

Il étoit bien plus aifé de repréfenter un Prince tué dans un combat, en le repréfentant percé de fleches, que d'inventer des lettres, de les affembler, d'en faire des fyllabes, des mots, enfuite des phrafes, des périodes, des difcours. Cette chaîne d'opérations étoit fans doute beaucoup plus pénible, & demandoit beaucoup plus de réflexion qu'un hiérogliphe, qui repréfentoit en abrégé toute la vie d'un Prince dont on vouloit faire paffer la mémoire à la poftérité.

Ce que nous venons de dire fait conjecturer avec quelque raifon, que cette peinture donna lieu aux hiérogliphes qui renfermoient ces lettres facrées, ces caractères miftiques & figurés, dont les Egyptiens voiloient leurs fciences. On fçait que ce peuple fut le premier naturalifte du monde, & le premier qui s'attacha à l'étude de la nature ; & comme il remarqua dans le lion une intrépidité & un courage qui ne font point communs aux autres animaux, il le choifit préférablement, comme l'emblême le plus expreffif de l'héroïfme, & s'en fervoit pour repréfenter un héros. Lorfqu'il vouloit peindre avec éner-

K vj

gie un esprit dangereux par la médifance & par la calomnie, il le repréfentoit fous la figure d'une araignée, parce qu'il avoit remarqué, après des obfervations fcrupuleufes, que cet infecte envenime tout ce qu'il touche ; ainfi du refte.

Les Sages ne fe bornerent point dans la fuite à cette fimple fpéculation ; ils crurent néceffaire de réduire ces fortes de figures & de les rédiger en fcience, qui fervît à voiler leurs connoiffances fublimes. Il convient d'expliquer un de ces hiérogliphes, pour faire fentir l'extrême différence que l'on doit mettre entre les hiérogliphes & le Blafon.

Si nous choififfons le cercle & lui donnons la préférence, ce n'eft fans doute que parce qu'il étoit une des plus belles figures miftiques, & celle que les Egyptiens honorerent le plus, puifqu'ils mirent un cercle d'or fur le tombeau de *Simand*, prétendant par cet honneur faire entendre qu'ils le regardoient comme un Dieu ; *Cambife*, fecond Roi des *Perfes*, l'enleva.

Le cercle par fa figure repréfente l'éternité, parce qu'il n'a ni commencement ni fin. Suivant *Platon*, la figure circulaire étoit la plus parfaite de toutes les figures. Suivant *Pythagore*, le cercle est la figure la plus immense, parce que n'ayant point d'angles, elle est de toutes les figures celle qui peut contenir le plus de corps.

Le cercle que l'on sçait être la figure la plus propre au mouvement, nous repréſente Dieu qui agit continuellement. Comme tous les rayons qui partent de la circonférence ſe réuniſſent au centre, & que du centre ils ſe rendent à la circonférence, de même tout ce que nous avons nous vient de Dieu, & nous devons par reconnoiſſance rapporter tout à lui, comme centre unique de toutes choſes.

Les *Egyptiens* ſe ſervoient auſſi du cercle pour repréſenter la ſageſſe, ce principal attribut de la divinité. Ils repréſentoient les ſciences par la liaiſon de certains cercles renfermés dans la circonférence d'un plus grand ; ce qui nous apprend à rapporter toutes nos connoiſſances à l'Etre ſuprême, ſource inépuiſable de lumiere.

Ils repréſentoient la vie future par le T. On croit avec raiſon que les Iſraëlites apprirent aux Egyptiens les myſ teres cachés fous cette figure ; elle a toujours fignifié abfolution chez d'autres peuples que chez les *Juifs* & chez les *Egyptiens*. Ce fut de ce T falutaire que le Prophete *Ézéchiel* vit l'Ange marquer les fidéles qui devoient être fauvés de la ruine de *Jerufalem* : c'eft cette lettre que *Moyfe* repréfenta en élevant les bras fur la montagne, & qui lui fit gagner la bataille. C'eft cette lettre myftérieufe qu'il éléva dans le défert, & à laquelle il attacha le ferpent d'airain. C'eft la clef du Prophête Ifaïe, *& dabo clavem domûs David fuper humerum ejus, & aperiet, & non erit qui claudat, & claudet, & non erit qui aperiat.* Enfin cette lettre étant la derniere de l'alphabet hebreu, nous repréfente évidemment la croix de Notre-Sauveur, fur laquelle le Dieu de l'univers prononça ces paroles *confummatum eft.*

Comme l'hiérogliphe a un rapport fi intime au Blafon, puifqu'il en eft la bafe, je crois devoir parler d'une façon un peu étendue de plufieurs hiérogliphes & médailles des Anciens.

Les Anciens repréfentoient le Deftin fous la figure d'une roue arrêtée par une chaîne : au haut de la roue étoit une grosse pierre , & au bas deux cornes d'abondance , avec des pointes de javelot ; ce qui signifioit que le destin ne varioit point , & qu'il étoit inévitable : *Jupiter* lui-même , le Dieu des Dieux , y étoit soumis.

Athanée nous apprend que *Semiramis* fit frapper sur ses médailles une colombe tenant une épée dans son bec , avec ces paroles , *patientia lassa fit furor* : elle faisoit entendre par ces mots , que quoiqu'elle eût la douceur en partage , elle sçavoit tirer vengeance de ceux qui l'inquiétoient.

Darius , Roi de *Perse* , tenoit un jour une grenade dans sa main ; après l'avoir ouverte , il dit qu'il souhaitoit autant de *Mégabises* que la grenade contenoit de grains ; depuis ce jour *Mégabise* porta une grenade , avec laquelle on l'a toujours représentée.

Si de l'Egypte nous passons à la Gréce , nous verrons d'abord les sept Sages prendre chacun sa figure hiérogliphique, comme on peut s'en assurer par les anciennes médailles.

Cléobule choisit la balance , figure qui nous montroit combien nos actions doivent être pesées & mesurées , com-

bien le trop & le trop peu doivent être
évités, & combien est heureuse une
honnête médiocrité !

Chilon préféra pour son hiérogliphe
le miroir, qui est l'emblème d'une leçon bien utile : comme il nous fait connoître nos défauts extérieurs, de même
nous devons lui présenter notre cœur
pour en appercevoir les défauts, & nous
en corriger ; aussi faisoit-on grande estime de cette fameuse inscription du
Temple de *Delphes*, *cognosce teipsum*,
apprends à te connoître.

Périandre donna la préférence à la
plante appellée *pouliot*, avec ces mots,
moderes-toi ; parce que les Naturalistes
prétendent que l'infusion de cette plante
a beaucoup d'efficacité pour appaiser la
colere.

Pittacus prit la *nielle* ou *nigella*, petite
graine noire, avec ces paroles, *ne quid
nimis*, *ne faites rien avec excès* ; parce
que cette graine prise modérément conserve la santé, au lieu que prise avec
excès elle empoisonne.

Solon prit le therme, parce qu'il vouloit nous faire entendre combien nous
devons considérer la fin de toutes choses.
Erasme le prit aussi, avec ces mots, *ce-*

do nulli: on lui en fit reproche, il répondit qu'il s'attachoit au sens de *Solon*.

Thalès prit un homme de l'Isle de *Sardaigne*, monté sur un méchant petit mulet semblable à une chevre de l'Isle de *Corse* : il prétendoit cacher sous cet hiérogliphe l'abondance des choses mauvaises, parce que les habitans de *Sardaigne* passoient pour méchans, & que les mulets qu'on y voit en nombre, sont extrêmement mauvais.

Bias prit un reseau & un oiseau renfermé dans une cage, pour faire entendre qu'il ne faut répondre de personne, & que celui qui répondoit étoit souvent obligé de payer ; que d'ailleurs nous pouvons à·peine répondre de nous-mêmes.

Policrates, Roi de *Samos*, fit faire des médailles, où étoit représenté un poisson tenant l'anneau de grand prix qu'il avoit jetté dans la mer, pour montrer sous cet emblême son bonheur.

Nous voyons sur quelques médailles grecques des filets de pêcheurs, où entrent des villes & des châteaux, parce que, dit *Suidas*, certains Peintres croyant faire leur cour à *Timothée*, Général des Athéniens, le représentoient

dormant, pendant que la Fortune tendoit des filets où entroient des villes &
des forteresses. *Plutarque* prétend que
ces hiérogliphes étoient des inventions
des ennemis du Général , puisque ,
continue le même Auteur , il se plai-
gnoit de ce qu'on avoit attribué à la
Fortune , qui est une divinité aveugle ,
toutes ses actions glorieuses , plutôt
qu'à sa valeur & à sa prudence.

Léontichidas , Sénateur de Lacédé-
mone , pour se moquer de la supersti-
tion des Augures , fit peindre le serpent
qui s'étoit entortillé autour de la clef de
sa porte : les Augures lui rapporterent
que ce prodige étoit des plus étonnans ,
& qu'il présageoit quelque grand malheur : oui , répondit-il en badinant , si
la clef se fût entortillée autour du
serpent.

Laïs , cette fameuse courtisanne de
Corinthe , qui loin de se rendre à l'élo-
quence de Demosthène , lui mit ses faveurs à si haut prix , qu'il fût obligé de
lui dire qu'il n'achetoit pas si cher un
repentir , *non emo tanti pœnitere* , fit
graver une lionne écorchant un mouton
par les parties. Par la lionne , elle en-
tendoit les rapines , l'avarice & l'avidité

des courtifannes ; par le mouton , elle
prétendoit faire voir la bétife des amans
qu'on dépouille & qu'on écorche ; &
par les parties , la honte & l'horreur de
la volupté : ce qui peut faire préfumer
que le fentiment d'amour n'entroit pour
rien dans fes débauches , & que l'intérêt en étoit le feul motif. Elle voulut
qu'on mît cet hiérogliphe fur fon tombeau , comme un monument de fon
avarice & de la fotife des amans , qui
accouroient de toutes parts acheter à
haut prix des faveurs qui apparte-
noient de droit au plus offrant & dernier enchériffeur.

Eunome dédia au Temple d'Apollon
un luth d'airain , avec une cigale fup-
pléant au défaut d'une corde rompue ,
parce que difputant à *Arifton* la fupé-
riorité du talent, une corde de fon luth
fe rompit ; une cigale par fon chant fup-
pléa à ce défaut , & lui fit par une
agréable harmonie remporter la victoire
fur fon concurrent.

On voit fur quelques médailles antiques, une main qui tient une langue ;
c'eft celle que *Lifimachus* arracha au
lion qui fondit fur lui pour le dévorer.

Heraclius , pour faire voir aux Athéniens qu'ils vivroient heureux auſſi long-temps qu'ils ſe contenteroient des dons de la nature & qu'ils feroient ſéveres obſervateurs de la frugalité, jetta de la farine dans un verre plein d'eau.

Bazanus, Roi des *Sicambriens*, & fils du Roi d'*Iocles*, eſt repréſenté ſur une médaille, portant une épée nue & une corde, comme les vrais ſymboles de la rigueur avec laquelle il puniſſoit les vices & les crimes.

Les enſeignes & les médailles romaines repréſentoient une louve allaitant deux jumeaux; c'étoit en abrégé l'hiſtoire de l'enfance de *Remus* & de *Romulus*. Le ſceptre d'ivoire de celuici fut dans la ſuite conſacré aux Augures, parce qu'il fut trouvé, ſelon *Plutarque* & *Valere Maxime*, tout entier.

Cette main, qui du milieu des cendres coupe avec une baguette les pavots les plus élevés, repréſente le conſeil que *Tarquin* le Superbe, Roi des Romains, donna à ſon fils.

La biche ſur les médailles de *Numa*, repréſente celle qu'il diſoit avoir reçue de la Nymphe *Egerie*, & qui lui communiquoit les conſeils de cette Déeſſe dans toutes les affaires importantes.

La main qui tient une espèce de lance courte, représente le bras de fer que *Sergius*, Romain, se fit faire après avoir perdu le bras dans une bataille contre *Annibal*, & dont il se servit dans la suite avec tant de dextérité, qu'il vainquit dans les Gaules les ennemis des Romains, & remporta plusieurs couronnes.

Marcus Valerius, surnommé *Corvinus*, est toujours représenté avec un corbeau sur son casque, parce que pendant qu'il combattoit un Gaulois, un corbeau se jetta sur son adversaire, lui donna des coups de bec dans les yeux, & fit par ce moyen remporter la victoire au Romain.

Les têtes de bœufs qu'on voit dans les antiques, ayant entre les cornes des fagots ardens, représentent ceux qu'Annibal fit attacher pendant la nuit à la tête de ces animaux, pour cacher sa marche & pour se tirer du pas dangereux où il s'étoit engagé.

On voit sur les médailles de *Jules César* une plume & une épée, ce qui annonçoit que ce Prince s'étoit acquis une gloire immortelle dans les sciences & dans les armes.

On grava sur les anneaux de *Sylla* &

de *Pompée* trois trophées, pour marquer les grandes victoires qu'ils avoient remportées.

Auguste César naquit sous la constellation du capricorne; il le fit graver sur la monnoie d'or, tenant entre ses pattes un monde; sur la monnoie d'argent, un gouvernail au dessous du capricorne, avec ces mots, *imperium sine fine dedi.*

Le même César fit graver un sphinx sur son cachet, pour apprendre aux Princes combien ils doivent être secrets dans leurs projets. Le sphinx étoit en effet un fameux hiérogliphe chez les Egyptiens, qui le plaçoient devant leurs Temples; ce qui étoit l'emblême du secret que l'on doit garder sur les mysteres de la Religion, afin de retenir le peuple dans le respect qu'il a pour les choses qu'il ne connoît point.

Mecene & *Agrippa* chargés du gouvernement de Rome pendant qu'*Auguste* étoit en Grece, recevoient toutes les lettres de cet Empereur cachetées de la figure d'un sphinx, qu'ils décachetoient avant que de les présenter au Sénat; ce que le peuple tournoit en raillerie, disant qu'il proposoit des énigmes à cette auguste assemblée; de sorte qu'il supprima ce cachet, & qu'il se servit dans la suite de celui qu'*Alexandre* avoit mis autrefois sur la bouche d'*Epheſtion*, son favori, qu'il avoit surpris lisant par deſſus son épaule une lettre, pendant qu'il en faiſoit la lecture ; en lui mettant ce cachet sur la bouche, il lui fit entendre qu'il falloit garder bien exactement le secret qu'il venoit de lui surprendre. Dans la suite, à l'imitation du même *Alexandre*, il se servit d'un cachet sur lequel il avoit fait graver son image : depuis ce temps les Empereurs ont suivi cet usage jusques à l'origine du Blaſon, réduit à certaines règles fixes.

On trouve encore une monnoie antique de cuivre, au nom d'*Auguſte*, au revers de laquelle on voit un crocodille enchaîné à une palme, avec cette inscription au col, *nemo* ; ce qu'on explique ainſi, *colligavit nemo*, comme voulant dire que personne avant lui n'avoit entierement soumis l'Egypte ou peut-être l'Empire.

On voit encore une espèce de monnoie repréſentant un soleil entouré de trois orbes, d'une étoile, d'un arc-enciel & d'un épi de bled, en mémoire

de ce que vers la naiſſance du Sauveur
du monde, on vit ces phénomènes à
Rome.

Auguſte, pour montrer à ſes courti-
ſans qu'il ne croyoit qu'après avoir mû-
rement examiné les choſes, fit frapper
une médaille d'or repréſentant un papillon & une écreviſſe ; le papillon étoit la
figure de la légereté & de la diligence ;
l'écreviſſe au contraire, de la lenteur
& de la gravité, qualités eſſentielles à
un Prince.

Mecene avoit fait graver ſur ſon cachet la figure d'une grenouille de *Pam-*
philie (ſelon *Pline*, elles ne coaſſent
point) pour faire voir qu'il ſçavoit garder le ſecret ; vertu par laquelle il ac-
quit la confiance entiere d'*Auguſte* : auſſi
diſoit-il ordinairement qu'un ſecret
étoit un charbon ardent dans la bouche
d'un homme qui avoit l'eſprit de femme.

Nous voyons dans les antiques un
cheval les yeux bandés ; cette gravure
repréſente le ſage jugement de l'Empereur *Galba*. Deux perſonnes réclamoient
un cheval ; chacune prétendant qu'il lui
appartenoit. Le Prince, juge de ce diffé-
rend, ordonna que le cheval fût mené à l'abreuvoir les yeux bandés, qu'au
fortir

sortir de l'abreuvoir on lui ôtât le bandeau, avec la liberté d'aller où l'instinct le guideroit, & qu'il appartiendroit à celui dans la maison duquel il se retireroit : la vérité fut la récompense d'un aussi sage jugement ; le cheval se retira en effet dans l'écurie du véritable maître.

On remarque cependant que l'hiérogliphe de cet Empereur & de ses ancêtres, étoit un chien, se précipitant dans la mer du haut de la poupe d'un navire battu par la tempête, pour apprendre qu'on doit être actif & vigilant, sur tout dans le danger.

Vespasien, pour imiter l'hiérogliphe d'*Auguste*, qui, comme nous l'avons déja dit, avoit pris le papillon & l'écrevisse, avec ces mots, *festina lentè*, prit une ancre, autour duquel étoit entortillé un dauphin, symbole de la diligence sans précipitation.

On voit encore sur les médailles du même Prince un palmier, qui signifie la conquête de la Judée, pays abondant en palmiers.

Domitien fit frapper sur ses médailles une tête percée de deux fléches, tirées avec tant d'adresse, qu'elles ressembloient, dit *Suetone*, à deux cornes.

Les médailles de l'Empereur *Zénon* repréfentent une enfeigne impériale, où font attachés deux traités de paix, parce que les Romains ayant découvert que les Perfes vouloient l'enlever, dreſſerent des embuches où les Perfes tomberent ; leur Roi & ſes enfans y furent fait priſonniers.

On voit dans quelques médailles antiques une main qui tient une plume, en mémoire de ce qui arriva à l'Empereur *Valens*, *Arrien*. Ce Prince écrivoit ſur l'exil de *Saint Baſile*, il ne put achever ce qu'il avoit commencé ; ſa plume, quoique pleine, refuſa l'ancre trois fois : s'obſtinant néanmoins à écrire, il ſe ſentit ſaiſi d'un ſi grand tremblement, qu'il déchira tout ce qu'il avoit écrit.

On trouve encore des médailles qui repréfentent les jeux féculaires, ainſi nommés parce qu'on les célébroit de ſiécle en ſiécle. Nous oſons nous écarter un moment de notre objet principal, pour rapporter ce qui en occaſionna l'inſtitution ; peut-être nous pardonnera-t-on cet épiſode en faveur de ce trait d'hiſtoire.

Selon *Zozime* , *Valesus Valerinus* ,
personnage considérable parmi les Sa-
bins , & tige de l'illustre famille des
Valériens à *Rome* , avoit devant sa maison un bois de haute futaye , dont les
arbres furent réduits en cendres par la
foudre. Consterné de ce prodige , & encore plus de la maladie de ses enfans
abandonnés des Médecins , il eut recours aux Aruspices ; ils lui répondirent
qu'il devoit appaiser les Dieux par des
sacrifices. Il se jetta aux pieds de la statue de la Déesse *Vesta* : pressé par sa douleur , il lui offrit sa propre vie pour
celle de ses enfans ; mais comme il tournoit ses yeux du côté du bois , il crut
entendre une voix , qui lui ordonnoit
de les mener à *Tarente* , & lorsqu'il y
seroit arrivé , de leur faire boire de l'eau
du Tibre chauffée sur le feu d'un autel
dédié à *Pluton* & à *Proserpine* : ces paroles l'allarmerent encore plus. Il commença à désesperer de la vie de ses enfans ; car comment pouvoit-il se pro-
mettre de trouver de l'eau du Tibre à
Tarente , ville située à l'extrêmité de
l'Italie ? d'ailleurs il falloit chauffer
cette eau sur l'autel des Dieux infernaux , ce qui ne paroissoit pas d'un

heureux augure ; les Aruſpices qui eux-
mêmes n'en avoient pas une opinion
favorable , lui conſeillerent cependant
d'obéir.

Il s'embarqua avec ſes enfans ſur le
Tibre ; & s'étant arrêté près de la ca-
bane d'un berger , il apprit avec une
joye inexprimable , que l'endroit où il
étoit s'appelloit *Tarente*. Il rendit graces aux Dieux , informa le berger du
deſſein qui l'amenoit , obéit à l'Oracle ,
& n'eut pas plutôt donné à ſes enfans
de l'eau qu'on lui avoit ordonné de leur
faire boire , qu'ils s'endormirent , & ſe
réveillerent avec une ſanté parfaite. Ils
dirent à leur pere , que pendant le ſom-
meil il leur étoit apparu un homme
d'une grandeur extraordinaire , mais
d'un air tout divin , qui leur avoit ordonné d'offrir à *Pluton* & à *Proſerpine*
des victimes noires , & de paſſer trois
nuits de ſuite à chanter & à danſer en
l'honneur de ces Divinités dans l'endroit du champ de Mars qui étoit deſ-
tiné à l'exercice des chevaux. *Valeſus* ,
exact à remplir la volonté des Dieux ,
voulant jetter dans le lieu preſcrit les
fondemens d'un autel , n'eut pas plutôt
creuſé un peu avant , qu'il en trouva

un , avec cette infcription , à *Pluton* & à *Proferpine*. Alors pleinement éclairci de fes doutes , il facrifia des victimes noires fur cet autel , y paffa trois jours & trois nuits , comme il lui avoit été ordonné.

Cet autel fut érigé à ces Dieux en une occafion digne d'être rapportée. Lorfque l'armée des Romains en vint aux mains avec ceux d'*Albe* , dans l'inftant même que les deux corps s'entre-choquerent , on vit tout à coup paroître un homme d'un afpect hideux , & habillé de peaux noires , qui crioit à pleine voix que Proferpine & Pluton ordonnoient qu'on leur offrît fous terre des facrifices avant que de commencer le combat , après quoi il difparut. Les Romains étonnés de ce prodige , fe mirent auffi-tôt en devoir d'obéir ; ils creuferent à vingt pieds de profondeur , & bâtirent un autel , y firent leurs facrifices , & recomblerent l'ouverture , pour être les feuls qui en euffent connoiffance.

Après que *Valefus* eut trouvé cet autel , & qu'il y eut offert les victimes prefcrites , il fut appellé *Manius* , *Valerius* , *Tarentinus* : *Manius* , en mémoire des Dieux infernaux , que les Latins appelloient *manes* ; *Valerius* , du mot *valeo* , qui signifie se bien porter ; *Tarentinus* , à cause du lieu où il avoit fait les premiers sacrifices.

Quelque temps après cet événement, lorsque les Tarquins furent chassés , Rome fut affligée de la peste : *Publius Valerius Publicola* , alors Consul, offrit dans ce même endroit un bœuf noir à Pluton , & une vache noire à Proserpine ; il fit graver sur l'autel , qui étoit le même dont nous venons de parler , ces paroles : *Publius Valerius Publicola a consacré le feu du champ de Mars à Pluton & à Proserpine , il a établi des jeux à l'honneur de ces Divinités , pour la délivrance du Peuple Romain.*

L'an 352 de la fondation de *Rome* , la ville fut affligée du même fléau. Le Sénat ordonna qu'on consultât les livres des *Sibylles* , dans lesquels on lut que la peste cesseroit si on offroit des sacrifices à *Pluton & à Proserpine.* On chercha aussi-tôt l'endroit où étoit caché l'autel dédié à ces Dieux ; on le trouva , on fit les sacrifices ; les Dieux furent appaisés, la peste dissipée , & l'autel comblé de nouveau.

Les mêmes jeux furent renouvellés sous l'empire d'*Auguste*; *Claudius*, Empereur, les fit célébrer ensuite, sans se mettre en peine de la loi qui en ordonnoit la célébration de siécle en siécle : *Domitien* en fit de même, sans avoir égard au temps.

Lorsqu'on vouloit faire la célébration de ces jeux, les Hérauts alloient par tout inviter le peuple à un spectacle qu'il n'avoit jamais vu, & que vraisemblablement il ne devoit voir qu'une fois. Cette invitation étoit si ridicule sous *Claudius* & sous *Domitien*, que le Peuple Romain en rioit; puisque dans le temps même que les Hérauts lui annonçoient un spectacle qu'il n'avoit jamais vu & qu'il ne reverroit plus, il se trouvoit beaucoup de personnes qui y avoient déja assisté plusieurs fois, puisqu'ils avoient été célébrés trois fois en soixante-treize ans, c'est-à-dire sous le regne d'*Auguste*, sous celui de *Claudius*, & sous celui de *Domitien*.

Lorsque le temps de la moisson étoit venu, quinze Officiers chargés des cérémonies de la Religion, s'asseyoient sur une tribune devant le Capitole & devant le Temple d'*Apollon Palatin*, d'où

ils diſtribuoient au peuple des flambeaux compoſés de ſoufre & de bitume,
dont chacun ſe ſervoit pour ſe purifier;
les eſclaves étoient les ſeuls qui n'en
recevoient point. L'Empereur, comme
ſouverain Pontife, haranguoit le peuple au Capitole, & l'exhortoit à ſe préparer à une fête ſi ſolemnelle par la pureté du corps & de l'eſprit; on l'écou-
toit debout.

On voit ſur certaines médailles de
Domitien, le peuple à genoux, les mains
levées, parce que ce Prince vouloit être
regardé comme un Dieu, & qu'il
contraignoit les Romains à le révérer
comme tel. Il eſt repréſenté devant un
autre autel, qui eſt celui de *Jupiter
Capitolin*, donnant quelque choſe à
un Officier, avec ces lettres *ſuf. p. d.*
c'eſt-à-dire parfums donnés au peuple.

Ces parfums, comme nous l'avons
dit, étoient compoſés de ſoufre & de
bitume. Les quinze Officiers les recevoient de l'Empereur, & les diſtribuoient au peuple, à qui l'on donnoit
auſſi un petit bâton de bois de ſapin,
qu'on appelloit *tæda*; on le brûloit par
le bout, l'on jettoit deſſus du par-
fum, & l'on ſe purifioit avec cette

fumée. On en donnoit auſſi aux enfans qui avoient atteint l'âge de raiſon : c'eſt pourquoi l'on voit ſur certaines mé-dailles un enfant qui tend les mains.

Lorſque la purification étoit faite , chacun accouroit au Temple avec du froment , de l'orge & des feves. On voit ſur quelques médailles de *Domitien*, cet Empereur aſſis ſur une tribune au-près du Temple , & deux Romains à ſes côtés , dont l'un verſe à ſes pieds une meſure pleine de nouveaux fruits de l'année ; ce qui eſt confirmé par l'inſcrip-tion que l'on lit ſur la médaille , *à po-pulo primæ fruges accepta.*

Ces prémices étoient du froment , de l'orge & des feves : il paroîtra peut-être extraordinaire que l'on ajoûtât ce der-nier légume , mais il faut ſçavoir que le premier jour de Juin , ou les *Calendes,* étoient appellées *fabaria* , à cauſe des feves qu'on employoit aux choſes ſa-crées , & qu'on portoit le premier jour de Juin ſur ſoi , dans l'opinion com-mune qu'elles portoient bonheur : toutes ces cérémonies n'étoient que les préli-minaires des jeux ſéculaires.

Dès que le jour de cette grande célé-bration étoit venu , on le commençoit

par une procession, où étoient obligés
d'assister tous les Prêtres des Colléges,
qui étoient chez les *Romains* ce que
nous appellons aujourd'hui Commu-
nautés ; le Sénat & tous les Magistrats
y assistoient. Le peuple étoit habillé de
blanc & couronné de fleurs, avec une
palme à la main : on chantoit dans les
rues des hymnes composées sur ce sujet, & l'on adoroit dans tous les carre-
fours & Temples les Dieux qu'on expo-
soit sur des lits de parade, appellés *leEti-
sternia Deorum* ; ce qui est représenté
par une médaille de *Domitien*, où trois
personnes couronnées de fleurs, & tenant une palme à la main, semblent
passer par devant l'Empereur, qui est
debout sur une espèce d'estrade, le Pre-
fet du Prétoire derriere lui.

On s'assembloit les trois nuits sui-
vantes dans les Temples, on y veilloit ;
mais de peur que, comme il arrive ordinairement, il ne se passât quelque
chose de deshonnête & d'indécent dans
ces assemblées nocturnes, *Auguste* avoit
ordonné que les jeunes gens y assistassent
sous la conduite de leurs parens ou de
personnes âgées, qui répondissent de
leurs actions. On immoloit la nuit un

taureau noir à *Pluton*, & une vache noire à *Proserpine*. Le jour on offroit à *Jupiter* & à *Junon* des victimes blanches : c'est ce que l'on voit sur une autre médaille, sur laquelle l'Empereur *Domitien* est représenté renversant un très-petit vase plein de parfums sur l'autel, appellé *patera.*

Selon *Macrobe*, dès que la victime étoit purifiée avec de l'eau, & parée de guirlandes de fleurs, les Hérauts ordonnoient aux profanes de sortir, à tout le monde de se taire & d'être attentif. L'Empereur, qui étoit lui-même le Pontife, jettoit sur la tête de la victime un peu de farine avec du sel, & versoit par dessus du vin, dont chaque assistant buvoit ; ensuite le victimaire donnoit le coup, on recevoit le sang dans des coupes, & le Pontife en arrosoit l'autel. Les Aruspices examinoient avec beaucoup d'attention les entrailles, & tiroient leurs conjectures Les Romains y ajoutoient tant de foi, qu'au rapport de *Macrobe*, Jules César en composa pour le moins seize livres On brûloit les entrailles après avoir fait trois fois le tour de l'autel ; on les offroit au Dieu ou à la Déesse à l'honneur desquels on faisoit le sacrifice; mais on invoquoit tous les autres Dieux, car il est bon d'observer que les véritables Romains ne connoissoient qu'un Dieu, dont les attributs infinis avoient donné naissance à tous les autres Dieux, qui n'étoient en effet inventés que pour exprimer les différentes perfections de la Divinité. On gardoit ordinairement la victime pour le festin que l'on faisoit après que l'on avoit congédié le peuple, en lui disant à la fin du sacrifice, *ire licet*, vous pouvez vous retirer.

Après les sacrifices on célébroit les jeux publics, qui entroient essentiellement dans l'économie de la Religion; car les Romains donnoient le nom de jeux à leurs fêtes les plus solemnelles. On jouoit des comédies sur des théatres publics; on faisoit des courses à pied & à cheval, & sur des chariots dans le cirque. Les Athletes se signaloient à la lute & aux autres exercices, aux amphithéatres, où combattoient aussi des gladiateurs, & les bêtes sauvages qu'on faisoit venir exprès de tous côtés; c'est ce que l'on peut voir dans les médailles séculaires, sur lesquelles différens animaux sont gravés.

On recommençoit la seconde nuit les prieres & les sacrifices qu'on offroit aux Parques. On leur immoloit une brebis & une chevre noires; les femmes sur tout redoubloient de ferveur dans leurs prieres pour obtenir un heureux accouchement; elles croyoient que les Parques y préfidoient, ainfi que la Déefle *Lucine* : le refte du jour fe paffoit en réjouiffances femblables à celles du jour précédent.

La troifième nuit on immoloit un pourceau à la Terre; car on croyoit que cet animal lui étoit plus agréable, parce qu'il regarde toujours en bas, & qu'il eft le fymbole de la fécondité : les jeunes filles & les jeunes garçons chantoient une hymne, qu'on appelloit féculaire, tel qu'*Horace* en compofa du temps d'*Augufte*. Le troifième jour étoit deftiné à la danfe myftique des *Saliens*, qui avoient la tête couverte d'un bonnet rond, terminé par deux longues pointes; ils portoient fur leurs tuniques de diverfes couleurs, une cotte d'armes, garnie d'une bande de pourpre, attachée avec des boucles de cuivre; ils tenoient de la main droite une petite baguette, & de la gauche un bouclier rond , au milieu duquel étoit une tête de *Minerve*.

Les *Saliens* étoient des jeunes gens de qualité , dont il y avoit à *Rome* deux anciens Colléges. Ils se promenoient dans les rues de la ville , tantôt séparément au son des flûtes , tantôt ensemble ; ils faisoient beaucoup de gestes concertés , frappant de leurs baguettes les boucliers les uns des autres , & chantant des hymnes à la gloire de *Janus* , de *Mars* , de *Junon* & de *Minerve* ; les filles faisoient le chœur. Après que la fête étoit finie , l'Empereur renvoyoit le peuple avec des présens ; ce qui est confirmé par plusieurs médailles.

Ces sacrifices se faisoient , nous le répétons , sur l'autel de *Valerius* , dans le champ de *Mars* , près du Tibre.

Il reste une difficulté touchant les boucliers nommés *anciles* , qui étoient de figure ovale , dont on dit que les *Saliens* se servoient ; nous voyons néanmoins qu'ils en portoient de ronds. On croit qu'*Auguste* , par une vénération particuliere qu'il avoit pour cette sorte de boucliers , avoit ordonné que les *Saliens* en porteroient , mais faits d'une maniere différente de ceux que par respect il avoit fait enfermer ; car nous voyons par toutes les médailles, que les *Saliens* portoient des boucliers ronds.

Nous croyons devoir, avant de finir ce volume, faire remarquer que *Zozime* où on a principalement puisé tout ce qui vient d'être dit sur les jeux séculaires, étoit un défenseur zélé de l'idolâtrie, lorsque le Christianisme faisoit des rapides progrès dans la capitale du monde ; que ce défenseur de Dieux imaginaires, impuissans, ne pouvant résister aux argumens invincibles des Chrétiens contre l'idolatrie, il s'efforça de la défendre, en disant que les Romains ne reconnoissoient qu'un seul vrai Dieu, dont on révéroit les différens attributs, sous les noms des différentes Divinités qu'on y adoroit.

CHAPITRE XLIII.

Explication de tous les termes du Blason, en forme de Dictionnaire, fondée sur des exemples.

A

ABAISSÉ se dit du vol des aigles, ou de quelqu'autre vol, que l'on repréfente ordinairement en mettant l'oifeau ouvert & étendu, le bout de fes aîles vers l'angle du chef de l'écu ; mais lorfque les bouts des aîles font enclos, on dit abaiffé, de même qu'on le dit du chevron, des pals, des bandes, quand leurs pointes ne finiffent pas vers les extrêmités de l'écu.

EXEMPLE. *Trevifan*, à Venife, porte d'azur, à trois pals abaiffés d'or.

ABYSME, eft le cœur de l'écu ; & ce qui fe met au milieu, fans toucher aucune autre pièce, s'appelle abyfme.

Michon Laplife porte d'azur, à la fleur de lys, accompagnée de trois befans d'argent. Ce mot befant eft une pièce de monnoie, & dérive du mot Bizance, ancien nom de Conftantinople.

ACCOLÉ, se dit d'une pièce garnie d'un collier.

Les Bauds, à Arles, portent d'or, au mouton sautant de sable, accolé d'argent.

Accolé, se dit aussi d'un arbre, d'une croix ou colonne entourés de lierre, d'une vigne ou d'un serpent.

De Bignon porte d'azur, à la croix alaisée d'argent, accolée d'un sep de vigne de sinople.

Accolé, se dit encore de deux écus joints ensemble, comme celui de France & de Navarre.

ACCOMPAGNÉ, se dit quand trois pièces accompagnent la pièce principale.

ACCOSTÉ, se dit pour la barre & la bande.

ACCORNÉ, se dit d'un animal qui a les cornes différentes du métal ou couleur du corps.

Markousker, en Silésie, porte de gueules, au rencontre de bœuf d'or, accorné de sable.

ADEXTRE, se dit de ce qui se met à la droite de l'écu, & senestre de ce qui se met à la gauche. On dit aussi à dextre, lorsque les deux parties de l'écu font de métal, & que ce qui eſt à droite eſt de couleur ; le même ſe dit, *vice verſâ*, de feneſtre.

Arcolieres, en Savoye, porte d'azur, à une épée d'argent, adextrée d'une fleur de lys d'or. Cette Maiſon fut annoblie par Charles III, Duc de Savoye. La fleur de lys eſt une conceſſion qu'un des ancêtres de cette famille mérita au ſervice de François I, Roi de France, à la bataille de Pavie ; il dégagea Sa Majeſté d'entre les mains des ennemis, parmi leſquels elle s'étoit engagée pendant la chaleur du combat : François lui dit, *je porte des fleurs de lys, je veux que vous en portiez* ; & aprés ſon retour en France il lui fit expédier les lettres de conceſſion.

ADOSSÉ, ſe dit des animaux qui ſont placés dos contre dos.

De Barde, de Mouſſon, porte d'azur, à deux bardes adoſſées d'or ; barde eſt une armure de cheval.

Nota. Les croiſſans ſont dit adoſſés, lorſque leurs cornes ſont tournées vers le flanc de l'écu.

Leiſer, en Stirie, porte de ſable à deux croiſſans adoſſés d'or.

AFRONTÉS, ſe dit de deux animaux qui ſe regardent.

Zartir , en Baviere , porte d'or à deux givres affrontées couronnées d'azur , supportées d'un rocher en pointe de sable.

Nota. La givre est une grosse couleuvre.

A I G U I S É , se dit d'une pièce qui se termine en pointe par les deux bouts.

Chandos porte d'argent , au pal aiguisé de gueules.

A J O U R É , se dit d'une pièce à jour.

A I L É , se dit d'une piéce qui, contre son naturel , a des aîles.

Senitz , en Silésie , porte de gueules , au poisson aîlé d'argent , mis en bande.

A L A I S É , ou raccourci , se dit lorsque les extrêmités de la croix, du sautoir, de la fasce & du pal , ne touchent point le bord de l'écu.

A L É R I O N S : ils sont différens des merlettes dans les armoiries , en ce que ces dernieres sont comme passantes , & qu'au contraire les alérions sont en pal avec les aîles déployées ; ils ont cela de commun avec les merlettes , que comme elles ils n'ont ni bec ni jambes.

Botelin , en Flandres , Seigneur de Heule , porte d'argent , au chevron de fable , chargé de trois alerions d'or , & accompagnés de trois merlettes de même.

ALLUMÉ , se dit des yeux & des flambeaux , quand ils sont d'une couleur ou métal différent.

Aubri , en Bourbonnois , porte d'azur , au chevron d'or , accompagné de trois têtes de dauphin d'argent , allumées de gueules.

AMPHISBENE , est un serpent aîlé qui a deux têtes , dont l'une est à la queue. On en voit dans les déserts de la Libie ; il jette son venin par l'une & l'autre tête.

ANCRÉ , se dit d'une pièce , dont les extrêmités se terminent en forme d'ancre ; on le dit dans le Blason des croix & du sautoir.

D'Estainville porte   or , à la croix ancrée de gueules.

ANILE , est une figure en forme de crochets adossés & liés ensemble par le milieu.

D'Artigorti , près d'Oleron , porte d'azur , à une anile d'argent.

ANIMÉ , se dit de la tête d'un cheval en action.

ANNEAU ou *Annelet* , se dit d'une

figure ronde : fa dénomination eft tirée d'*annus*, *annulus*, parce que l'anneau, ainfi que l'année fait un cercle continuel. Il n'étoit permis qu'aux Chevaliers Romains de le porter : Annibal en envoya à Carthage un boiffeau, après la bataille de Cannes. Préfentement les Evêques en portent, les époux en donnent à leurs époufes, comme un gage de fidélité. L'anneau étoit autrefois le fceau dont les Rois fcelloient leurs ordonnances ; celui de Gigès eft le plus fameux de l'antiquité.

De là on peut conclure que les Maifons qui le portent dans leurs armes, fans l'avoir ufurpé, doivent être regardées comme très-anciennes.

Proft, en Bugey, porte d'azur, à trois annelets d'argent l'un dans l'autre ; on les appelle *vires*.

APPAUMÉ, fe dit de la main ouverte. M. *Pailliot* regarde ce terme comme fuperflu, puifque toute main eft toujours repréfentée ouverte dans les armes.

Nota. Quand on blafonne un arbre, il faut exprimer s'il eft fec ; s'il eft verde, on ne l'exprime pas. Si le tronc eft d'un autre couleur, il faut dire fufté ; & s'il a du fruit, fruité. L'arbre généalogique sert à faire connoître les alliances des Maisons & les descendans, comme aussi à faire preuve de noblesse. On peut faire une généalogie de 16 & de 64 quartiers, & même de 128, ce qui cependant est très difficile. On met les quartiers paternels à droite, & les maternels à gauche ; les écus des mâles en pointe, ceux des femelles en lozange, en commençant par le bas.

ARMÉ, se dit des animaux à quatre pieds, & des dragons, comme l'on dit membré pour les oiseaux.

ARRACHÉ, se dit des têtes quand le poil ou la plume couvre la chair dans l'endroit où la tête est séparée du tronc.

ARRONDI, se dit des pièces qui tournent en rond.

Heizen, en Saxe, porte d'argent, au raisin attaché à un pampre arrondi de gueules, acosté de deux serpes de même.

ASSIS, se dit des animaux qui sont sur le cul ; cette posture ne se trouve que rarement dans les armes, encore n'est-ce que dans le Blason allemand.

Coulombier, en Dauphiné, porte d'argent, au singe assis de gueules.

AVANT-MUR, se dit d'un pan de

de muraille joint à une tour.

L'Anglins porte d'azur, à une tour seneftrée d'un avant-mur d'or.

B

Barbé , fe dit proprement du coq.

Boucherat porte d'azur, au coq d'or , barbé & crêté de gueules.

BARBEAU, eft ce poiffon par lequel on repréfentoit Diane , parce qu'il fraye trois fois l'an : on l'appelle bar dans les armoiries , à caufe de la ville de Bar en Barrois.

BASTILLÉ, c'eft-à-dire garni de tours ; ce mot vient de baftille , qui fignifie forterefle , comme la baftille de Paris.

D'Auteuil , en Languedoc , porte d'azur , à une ville baftillée , les tours couvertes & fommées de girouettes d'argent , maçonnées de fable , écartelé d'or , au lion de gueules.

On dit baftille aux crénaux renverfés, quand ils font au bas d'un chef , d'une fafce ou d'une bande.

Guillot , en Breffe , porte d'azur , à trois grilles d'or , au chef coufu de fable , baftillé de deux pièces & demie.

BATON ; il fe pofe comme la bande

& à la moitié de la cottice.

De Talaru porte d'or, parti d'azur, au bâton de gueules, brochant sur le tout.

Nota. Quand le bâton s'arrête au milieu de l'écu & est alaisé, on l'appelle péri, comme qui diroit perdu : Bourbon Condé le porte dans ses armes.

BATAILLÉ, se dit d'une cloche de métal, dont le batail est de couleur.

Bellegarde porte d'azur, à la cloche d'argent, bataillée de sable.

BECQUÉ, se dit d'un oiseau qui a le bec d'un autre émail que le corps.

Corneilian porte d'argent, à trois corneilles de sable, becquées d'or.

BESANT, espèce de monnoye ; nous avons déja indiqué son étimologie.

BESANTÉ, se dit d'une pièce garnie de besans, ou d'un écu portant un besant.

Armon, en Bresse, porte d'azur, au besant d'or.

Montferrand, en Gascogne, porte pallé d'or & de gueules de huit pièces, à la bordure de sable, besantée de quarante-huit pièces d'or.

BESANT TOURTEAU, se dit de métal & couleur; & tourteau besant, se dit de couleur & métal.

BILLETTE

BILLETTE ; on appelle ainfi une figure maffive à quatre angles droits ; elle eft un peu plus haute que large.

De Saint-Priet, en Auvergne, porte d'or, à quatre billettes d'azur en croix.

BILLETÉ, fe dit quand le champ eft femé de billettes.

Vauchelle, en Normandie, porte d'argent, au chef de gueules, billeté d'or.

Nota. Les billettes font quelquefois renverfées ; il faut convenir cependant que cela arrive fort rarement.

Cratzen-Ran Scarfenftein, au Rhin, porte d'argent, à la fafce de gueules, accompagnée de treize billettes couchées de fable, fept en chef, pofées 4 & 3, fix en pointes, pofées 3, 2 & 1.

BORDÉ, fe dit des meubles ou piéces, dont l'écu eft chargé tout autour avec un filet d'autre métal ou couleur que celle des meubles.

Marfpach, en Baviere, porte d'argent, à la fafce émanchée de fable fur argent, bordée d'or.

BORDURE ; elle eft une efpèce de brifure faite comme un paffement, pofé de plat au bord de l'écu.

Nota. La Bordure doit tenir la fiixème

Tome I. M

partie de la largeur de l'écu.

B O U C L É, se dit d'un meuble accompagné d'une boucle.

Baillon, Seigneur de Forges, porte de gueules, à une tête de léopard bouclée d'or.

B O U C L E, se dit du collier d'une levrette, où est une boucle pour attacher la chaîne.

B O U R D O N ; c'est un bâton de pélerin, orné de deux pommes un peu distantes l'une de l'autre, dont la plus petite termine le bout d'en haut ; le bout d'en bas est armé d'un fer pointu.

La Bourdonnaye porte de gueules, à trois bourdons d'argent.

B O U R D O N N É, se dit des pièces garnies de boules ou boutons.

B O U T E R O L L E ; c'est un long fer que l'on met au bout du foureau d'une épée.

Angrie porte d'argent, à trois bouterolles de gueules.

B O U T O I R ; c'est le bout du grouin, ou pour mieux parler, de la hure du sanglier, avec lequel il fouille dans la terre pour chercher sa nourriture.

Pulnhofen porte d'or, à une hure de sanglier coupée, le boutoir vers le chef de sable , défendu d'argent.

BOUTONNÉ, se dit des roses & autres fleurs qui ont les feuilles d'un émail , & le milieu ou bouton d'un autre.

De Bœucour, en Ponthieu, porte d'argent , à trois roses de gueules , boutonnées d'or.

BRETESSÉS ou BRETECHÉS , se dit d'une rangée de crénaux sur les côtés d'un blason de plate figure , comme fasce.

Grivel , Marquis de Peseliere , porte d'or , à la bande bretessée & contrebretessée de sable.

BRISURES ; elles sont des pièces qui servent à faire distinction des armes pleines d'une Maison , & celle des freres & autres descendans de la même Maison.

BROCHANT , se dit lorsqu'une pièce est posée sur le gros des armoiries , & qu'elle peut passer d'un bout de l'écu à l'autre.

Andrenet , en Bresse , porte d'argent , à trois fasces de sable , à la bande de gueules , brochant sur le tout.

BROYE ; c'est un feston ou ornement d'Architecture.

De Broyes, près Sesanne, en Brie ; porte d'azur, à trois broyes d'or, rangées en fasce.

B U R E L L É , se dit de dix fasces ; passé ce nombre, on les exprime ; par exemple, on dit onze, douze, treize fasces.

Le Fevre Caumartin porte burellé d'argent & d'azur.

B U S T E ; c'est la partie du corps humain depuis le chef jusqu'à la poitrine, où elle se termine sans bras ; il faut exprimer la situation.

Munchaw, en Baviere, porte d'argent, au buste d'un Maure de carnation, habillé de sable en profil.

C

C A N T O N N É , se dit lorsque quatro pièces accompagnent une pièce principale.

C O T O Y É , se dit pour la barre & la bande.

C A N E L É ; il se figure comme l'engresté, avec cette différence que l'engreslure a ses pointes en dehors, & la canelure au contraire en dedans.

La Fontaine Rusier porte d'azur, à la croix canelée d'or.

CANNETTES ; ce font de pe-
tites cannes que l'on repréfente dans le
Blafon avec les aîles fermées , ainfi que
les merlettes , mais elles ont bec &
jambes.

De Poyanne porte d'azur , à trois
cannettes d'argent.

CANTON ; c'eft la neuvième partie
de l'écu : il fe place tantôt à l'angle
droit , tantôt à l'angle gauche ; on le
met ordinairement pour brifure aux enfans du côté gauche.

Shirley , en Angleterre , porte palé
d'or & de gueules , au canton d'hermine.

CARNATION , fe dit lorfque les
parties du corps nud font peintes au
naturel.

CAUDÉ , fe dit de la queue des co-
métes.

Meliorati , à Rome , porte d'azur , à
une étoile caudée d'or.

CHAMPAGNE ; c'eft une efpèce de
rabattement.

Diemanftein , en Suede , porte d'argent à une bande de fable , à la champagne de gueules.

CHAPPÉ , fe dit lorfque l'écu eft
divifé en chevron plein & rempli , lui

fervant comme de manteau & de chappe.

Hautin porte d'argent, à la chappe de pourpre.

CHAPPÉ, CHAUSSÉ, fe dit lorf-qu'une lozange tient lieu du champ; les extrêmités de l'écu étant l'une au chef, l'autre au bas, & les deux autres aux flancs, & que la lozange eft cou-pée & divifée en fafce; ainfi on voit en la partie fupérieure de l'écu la forme du chevron, qui a fa bafe pofée fur le fi-let de féparation & chappé par le haut; & l'on voit dans la partie inférieure une efpèce de chevron renverfé, qui fe joint à ladite bafe, & eft chauffé & cou-vert par le bas.

Nota. Les deux parties doivent être de deux émaux, & les cantons de même.

CHAPPE *crenelée*, fe dit lorfque la chappe qui couvre le champ eft cre-nelée.

CHAPPE *écartelée*, fe dit lorfque fur un écu chappé, il y a un écartelage. Cette forme demande les émaux de l'un dans l'autre, c'eft à-dire écartelé d'ar-gent & de gueules, chappé de même de l'un en l'autre.

CHAPERONNÉ, fe dit de l'épervier ou autre oiseau de proye, qui est armé de son chaperon.

Claude Mangot porte d'azur, à trois éperviers chaperonnés d'or.

CHARGÉ, quand le pal, la croix, la bande est chargée d'une pièce dont l'émail est différent.

De Montal porte de gueules, au chef d'or, chargé de trois molettes d'azur.

CHARGÉ, *surchargé*, se dit lorsqu'une pièce en charge une autre qui charge, par exemple, une croix ou un croissant ou quelqu'autre piéce.

Caravasal, en Espagne, porte d'or à une bande de sable, au chef du champ chargé d'un tourteau de sinople, surchargé d'une croix d'or.

CHAUSSÉ, se dit lorsque l'écu est divisé en chevron renversé, & qu'il est ainsi couvert ou chaussé par le bas.

Popon, en Bourgogne, porte d'argent, chaussé de gueules.

CHEVILLE; on se sert de ce terme pour exprimer le nombre de cornichons qui sont au bois des cerfs.

CHICOT, se dit d'un bâton noueux ou jetton d'arbre, soit de la racine, soit du tronc, soit des branches.

Gouhron porte d'or, à deux chicots

de gueules , rangés en fasce.

CLARINÉ , se dit de ce qui est garni d'une clochette.

De Senneret porte d'azur , au mouton d'argent , accolé de gueules , clariné d'or.

CLOCHE' , se dit de ce qui est ouvert & percé à jour ; de sorte qu'on voit le fond de l'écu à travers.

Huchet porte d'or , à trois billettes clochées d'azur.

COMPONE' , se dit comme composé ; par exemple , de deux émaux , dont les coins se terminent en pieds de chevre.

De Verfei porte de gueules , au pal componé d'or & d'azur.

CONTOURNE' , se dit de ce qui est à gauche.

L'Abbé de Saint-Gal porte d'argent , à l'ours debout , contourné de sable.

COQUERELLES , se dit des noisettes qui sont dans leurs enveloppes , jointes ensemble au nombre de trois , & vertes , telles qu'on les cueille.

Huaut , Seigneur de Montmagni , porte d'or , à une fasce d'azur , chargée de trois mollettes du champ , accompagnées de trois coquerelles de sinople.

CORNIERE, c'est une anse de pot.

Benschker, en Silésie, porte d'azur, à une corniere d'argent.

COUPE', se dit des têtes, dont la coupure paroît sans être couverte de poil ou de plume.

COUPE' de l'un en l'autre, se dit quand sur le coupé il y a un animal ou meuble qui broche sur le tout, coupé de mêmes émaux.

Salemard porte d'argent, coupé de sable, à une bande brochant sur le tout, coupé de l'un en l'autre.

COURONNE', se dit de l'animal qui a une couronne sur la tête.

Cal Rene le Boche porte d'or, au léopard lionné de gueules, couronné d'azur.

COUSU, se dit du chef qui est du même métal ou de la même couleur que le champ; & nous avons déja dit que blasonner métal sur métal, c'est pécher contre les règles du Blason.

Les Chevaliers de *la Bande*, en Toscane, portoient de sinople, à la bande cousu de gueules.

CRAMPON, instrument de guerre dont on se servoit pour escalader quelque place; on ne le voit que dans les armoiries allemandes.

Sotern, sur le Rhin, porte de gueules, au crampon d'argent.

CRAMPONE', qui se tient fortement à quelque chose.

CRANCELIN, se dit des couronnes en bande & terminées au bout de l'écu ; ce terme est allemand, & signifie une guirlande de fleurs.

Elben, au pays de Hesse, porte de gueules, au crancelin fleurdelisé de trois pièces d'argent.

CRENELE', se dit d'une espèce de cavalier qu'on éleve sur les remparts ou sur une tour.

Landri de la Tour portoit d'or, à la fasce crenelée de deux piéces & demie de gueules, maçonné de sable

CRETE', se dit de la crête des coqs, lorsqu'elle est d'autre couleur.

De Châtenai, au Duché de Bourgogne, *Seigneur de Saint Vinant*, porte d'argent, au coq de sinople, crêté & armé de gueules, accompagné de trois roses de gueules.

CRETE', se dit aussi des nageoires des poissons.

D

DEFENSE ; c'est la dent de la mâchoire inférieure du fanglier ; il s'en fert pour fe défendre.

Godard porte d'or, à la bande d'azur, chargée de trois défenfes de fanglier d'argent.

DEMI-VOL, fe dit d'une aîle.

Nota. Les plumes doivent être toujours tournées du flanc feneftre.

Allemand, en Languedoc, Baron de Mirevel, porte de gueules, au demi-vol d'argent.

DENCHE', qui a des dents ; on le dit lorfque les pointes font groffes & taillées droites dans leurs intervalles.

Liechtenftein, en Franconie, porte de gueules, écartelé & denché d'argent.

DENTELE', fe dit lorfque les dents font plus menues que les précédentes.

De Paurmel, en Cambrefis, porte de gueules, à la croix dentelée d'argent.

DENTRICULE', fe dit d'une bordure de dents autour de l'écu.

De Ferrierres Saubeuf porte de gueules, au pal breteffé d'argent, à la bordure dentriculée de même.

DESARME', fe dit de l'aigle qui n'a point d'ongles.

De Ganci, en Bourgogne, porte d'or, à l'aigle désarmé de sable.

D E M E M B R E', se dit de l'animal qui n'a ni pieds ni cuisses.

D E X T R E C H E R E, se dit du bras droit, qui tantôt nud, tantôt vêtu, tient quelque chose..

De Bras, Seigneur de Saint Julien, en Provence, porte de gueules, au dextrechere d'argent, portant une épée de même.

D E V I S E; c'est la troisième partie de la fasce; on l'appelle fasce en devise, ou devise simplement.

Schelendorf, en Saxe, porte lozangé d'azur & d'argent, à la devise de gueules.

D I A P R E', est proprement un ornement de fleurs qui ne font que d'un émail; on le voit fréquemment dans les écus allemands.

D I F F A M E', se dit de l'aigle, du lion & d'autres animaux sans queue.

D O N J O N N E', se dit des châteaux. Le donjon en est la partie la plus élevée & la plus forte; ainsi en blasonnant une tour ou un château, si l'on trouve quelque petite tour au sommet d'une plus grosse, on blasonne la tour principale donjonnée.

De Montaigu de Fromigeres, en Dauphiné, porte de gueules, à une tour donjonnée de deux pièces l'une sur l'autre d'argent.

D R A G O N N E', se dit d'une chose qui a la queue de dragon.

E

E F F A R O U C H E', se dit du chat lorsqu'il est en action rempante.

Duplessis-au-Chat, au Duché de Bretagne, portoit de sable, au chat effarouché d'argent.

E F F R A Y É, se dit d'un cheval rempant.

E M B O U C H E', se dit du cors, de la trompette, &c. lorsque l'embouchure est d'un émail différent.

E M B R A S S E', se dit d'une espèce de pointe couchée, mais avec cette différence que la pointe charge le champ, & celle-ci se forme par un trait tranché, naissant de l'angle droit du chef, & s'étend au milieu du flanc senestre, d'où est fait un autre trait taillé vers l'angle droit de la pointe.

Domantz, en Silesie porte d'argent, embrassé à senestre de gueules.

E M A N C H E', se dit des dents en pointe qui entrent les unes dans les autres.

De Vaudrei, ancienne Maison de

Bourgogne , porte émanché de gueules & d'argent.

EMANCHURE, se dit lorsqu'il n'y a qu'une pièce.

EMMUSELE', se dit d'un animal qui a la gueule ou le museau lié d'une museliere , pour l'empêcher de paître ou de mordre.

De Plastrier porte d'or , à la fasce d'azur , accompagnée de trois têtes de sable , emmuselées du champ.

ENCHAUSSE', se dit lorsque l'écu est taillé depuis le milieu d'un des côtés , tirant au bas vers la pointe , tantôt enchaussé à droite , tantôt à gauche.

Besten , sur le Rhin, porte d'argent , à trois annelets posés en bande de gueules , enchaussés à dextre de même.

ENCLAVE', se dit de l'écu lorsqu'il est coupé , ou tranché , ou parti, & que l'une des portions entre ou s'enclave de même.

Daschaw, en Baviere , porte coupé , enclavé sur gueules.

ENGOULE' ou *engoulant* , pièce ou figure devorant ou devorée par quelque animal.

L'Infantado , en Espagne , porte tranché de gueules & d'argent , à la bande tranchée d'or sur gueules & de sinople sur argent, engoulé de deux têtes de lion, mouvantes des angles.

ENGRESLE', est différent de denché, en ce que les pointes sont plus menues, & que le vuide qui est entre les pointes des engreslures est large & en rond.

Lenoncourt porte de gueules, à la croix engreslée d'argent.

ENGUICHE'; c'est le cordon ou lien qui sert à pendre le cors, cornet ou trompe.

Roger de Villeneuve, en Bretagne, porte d'hermine, à une trompe de sable, enguichée de gueules.

ENTE', se dit lorsque les deux parties de l'écu entrent l'une dans l'autre par des entures rondes, qui pourroient être appellées emboîtures, comme celles du corps humain.

Sabini, à Venise, porte parti, enté de gueules & d'or.

Enté en pointe, est une pointe ou une entaille qui se fait à la pointe de l'écu par deux émaux arrondis, qui aboutissent au milieu du nombril.

Cocq Raumont porte d'azur, à deux étoiles en fasces d'or, enté en pointe de même.

EQUIPOLE', c'est-à-dire égal, est mis au même rang. On le dit dans le Blason lorsque l'écu est rempli de neuf quarrés, qu'on appelle points, en forme d'échiquier, & que ceux des quatre coins avec celui du milieu sont d'un même émail, & les quatre autres d'un autre.

ECAILLE' & *ambré*, se disent des poissons.

Chabot, au Maine, porte d'azur, à un poisson écaillé d'or & ombré du champ, au croissant d'or en chef.

ESCARBOUCLE; elle a huit raies dont les extrêmités sont ornées de perles ou de fleurs de lys.

ESCARRE; c'est ce qu'on devroit appeller équerre.

Hannesi, en Flandres, porte de gueules, à une escarre d'argent, posée au quartier droit, mouvant du chef & du flanc.

ECHIQUIER; c'est un composé de quarrés, les uns de métal, les autres de couleur.

ECLATE', se dit de ce qui est rompu & brisé avec force.

ESCLOPPE', c'est-à-dire taillé & tranché, se dit lorsque l'écu est divisé de l'angle feneftre du chef, au côté droit de la pointe, & que la taille en fon milieu eft tranchée, de forte que le bas de la taille eft plus épais que le haut.

ECORCHE', fe dit lorfqu'un animal n'a point de peau.

De Vachepoignant, en Savoye, porte d'argent à trois pieds de vache écorchés de gueules.

EPANOUI, fe dit ordinairement de toutes fortes de fleurs, & principalement de la fleur de lys.

EPLOYE', eft employé dans le Blafon pour déplié ou déployé ; on s'en fert pour exprimer l'aigle ouvert, & à deux cols & à deux têtes.

Boucicault porte d'argent, à l'aigle déployé de gueules, becqué & membré d'azur.

ESSORE', fe dit de la couverture ou du comble d'une maifon, parce qu'il n'y a point de partie plus expofée.

ESSORANT, fe dit d'un oifeau qui prend fon effor, & qui ouvre fes ailes pour s'élever.

ETAIE, c'eft le diminutif du chevron.

ETÊTE', qui n'a point de tête.

L'Isle, de Flandres, porte d'azur, au poisson étêté, posé en pal d'argent, surmonté d'une couronne d'or.

ETINCELLE, se dit d'un écu rempli de petites étincelles en forme d'étoiles.

F

FANON; c'est le manipule que le Prêtre met à son bras gauche, lorsqu'il veut célébrer le saint Sacrifice de la Messe.

FICHE', se dit de quelque chose qui a une pointe pour être fichée en quelque endroit.

Soissons ancien portoit d'argent, à trois pals au pied fiché de gueules, chacun chargé en chef d'un besant de champ.

FIERTE', se dit de la baleine lorsqu'elle a les dents, les ailerons & la queue de gueules.

FILET; le filet se prend de deux manieres, tantôt pour une espèce d'orle qui se tire au dedans de l'écu & de la même façon que l'orle, avec cette différence que le filet n'a que le tiers de la largeur de l'orle; tantôt le filet se prend aussi pour un trait qui se tire comme la barre de la pointe senestre du chef à travers l'écu, tel qu'on le met dans les armoiries des bâtards.

FILIERE, c'est le diminutif de la bordure.

FLANCHE' ou *flanqué* ; c'est une figure partissante l'écu du côté des flancs, tantôt par deux demi-ovales ou quarts de rond , tantôt par deux demi-lozanges, qui naissent aux angles supérieurs du chef , & finissent au bas de l'écu.

Doschoven , à Rheims , porte d'argent, à une étoile à six raies de gueules , flanquée de sable.

FOURCHE', se dit de la queue des animaux divisée en deux.

Fauquemont porte d'argent , au lion, à la queue fourchue de gueules , couronné de même.

FRANC-QUARTIER ou canton d'honneur, c'est le premier quartier droit de l'écu.

FRETTE ou *frettes*; ce sont des cottices mises en bande ou en barre.

Nota. La cottice ou frette est d'un tiers moins large que la bande , & c'est par là seulement qu'on les distingue l'une d'avec l'autre.

Becquet , sieur de *Cormon* , porte d'argent, fretté d'azur.

G

GIRON; c'est une figure triangulaire, diminuant en pointe.

Duclufeau, dans le Limofin, porte d'argent, au giron de gueules, mouvant du canton droit de l'écu.

GIVRE; c'est une groffe couleuvre ou ferpent mis en pal & tortillé.

Milan porte d'argent, à une givre d'azur, couronnée d'or, iffante de gueules.

GONFANON, *Gonfaron*, *Gonfalon*; c'est une banniere de l'Eglife, à trois pendans par le bas, demi-ronds, bordés & frangés d'un autre émail.

Auvergne porte au gonfanon de gueules, frangé de finople.

GRILLE; c'est une efpèce de grelot ou fonnete : lorfqu'on trouve dans les armes un épervier avec la grille aux pieds, on dit grillé.

Gault porte d'azur, à un épervier d'argent, grillé, becqué, membré d'or, perché fur un chicot de même.

Gulpe, c'est un tourteau de pourpre, tenant le milieu entre le befant & le tourteau, parce que le befant eft de métal, & le tourteau de couleur ; la pourpre eft indifféremment couleur ou métal.

H

HABILLE', se dit de la figure humaine d'un émail différent.

HAIE, cloison formée de branches d'arbres entrelassées, ou de bâtons ou pieux fichés en terre ; elles sont toujours en fasces, traversant l'écu d'un flanc à l'autre.

La Haie Malaquet porte d'argent à la haie de sinople.

HAMADE ou *Hamaide*, est une fasce de trois pièces alaisées, qui ne touchent point les bords de l'écu.

De Hameide, au pays de Hainault, porte d'or, à une hamaide de gueules.

HERSES : il y a deux sortes de herses ; l'une sert au labourage, elle est garnie de pointes de fer ou de bois, pour briser les mottes de terre & couvrir la semence ; l'autre est une coulisse que l'on met à l'entrée des portes des villes.

Mornville porte d'azur, à la herse d'or.

HOUSSEAU, *Houssettes*, *Bottes*, *Bottines*, sont des habillemens de jambe.

Kolbsheim, en Alsace, porte de gueules, à un housseau d'argent éperonné de même.

HUCHET ; c'est un petit cornet de chasseur pour appeller les chiens lors-

qu'on chasse ; les postillons , principalement en Allemagne , s'en servent pour
avertir les Maîtres de poste de préparer
les chevaux : on les représente ordinairement sans enguichures.

Falkenheim , en Silesie , porte d'argent , au huchet de gueules.

HURE ; on le dit de la tête du sanglier ; on la représente dans les armes le
boutoir tourné au flanc dextre de l'écu.

Nota. Si elle est dans une autre position , il faut l'exprimer.

I

ISSANT , se dit de l'enfant de
gueules , sortant de la gueule de la givre
ondée & tortueuse que l'on voit dans
les armoiries de Milan ; il se dit aussi
des animaux qui sortent.

Montheurel porte de sable , au chef
d'or , chargé d'un lion issant d'azur.

JUMELLE , est une fasce double ,
étroite des trois quarts de l'écu ; on appelle jumelles deux figures mises deux
à deux en égale distance

Avançon , en Dauphiné , porte de
gueules , à deux jumelles d'argent.

L

LAMBEAU ou *Lambel* ; c'est la bri-

fure la plus noble , qui comme un filet
fe met au milieu du chef , fans qu'elle
touche les bords ni les extrêmités de
l'écu ; elle ne doit comprendre dans
toute fa grandeur que la neuvième partie du chef. Elle eft garnie de pendans
qui s'élargiffent par le bas comme le fer
d'une coignée ; il y en a ordinairement
trois, une à chaque bout, & la troifième
au milieu : quand il n'y en a que trois ,
on n'exprime point le nombre ; s'il y en
a plus ou moins , on les exprime.

Chardoinne porte de gueules , à cinq
annelets pofés en fautoir , au lambel
d'azur.

L A M P A S S E' , c'eft le fynonime
de langué , c'eft-à-dire qui a la langue
hors de la gueule ; on ne l'exprime que
lorfqu'elle eft d'un autre émail.

Aquaviva , en Italie , porte d'or , au
lion d'azur , lampaffé de gueules.

L I E' , fe dit d'un cercle de tonneau
& de tout ce qui eft attaché.

Spiffer , en Suiffe , porte d'or , à une
tête de Maure de fable, liée, ou au tortil
d'argent.

L O R R E , fe dit des nageoires des
poiffons.

L O Z A N G E , eft une figure qua-

drangulaire , ayant quatre angles ,
dont deux obtus & deux aigus.

Molart-Dieu-l'Amant, en Brie , porte
de gueules , à trois lozanges d'or.

Spire-Fort , en Bretagne , porte lozangé d'argent & de gueules.

Lozangé de l'un en l'autre , se dit
lorsqu'un écu est parti , coupé , taillé,
tranché ou écartelé d'émaux différens ,
& qu'en chaque partie il y a une pièce
de blason.

Nota. Il faut que la pièce qui est sur
le métal , soit de la couleur du champ
de l'autre.

Suse porte parti d'argent & de gueules , à deux tours de l'une en l'autre.

Lozangé l'un sur l'autre , se dit lorsqu'on veut exprimer l'assiette des animaux ou des meubles.

Elmer Vanelm, en Suisse , porte d'argent , au bouc de sable & faon de gueules , courans l'un sur l'autre.

M

M A C L E S ; ce sont des figures qua-
drangulaires semblables aux lozanges,
mais elles sont percées en quarré.

Treana , en Bretagne , porte d'argent,
à une macle d'azur.

MAÇONNE'

MAÇONNE', se dit du mortier qui paroît en forme de filet entre les pierres de taille du bâtiment, que les Maçons appellent trait de rustique ; il est ordinairement de sable.

De Bary de Ponteau, en Provence, porte de gueules, au pont à deux arches d'argent, maçonné de sable.

MAISTRE, se dit de la plus grande partie de l'écu, lorsque le bas n'est garni que d'une pointe ; c'est la même chose que chappé.

MAL ORDONNE', se dit lorsque l'écu est rempli de trois figures ou pièces, une en chef, l'autre en pointe.

De Florentin Mahuet porte d'azur , à la tour d'argent , accompagnée de trois croix fleuronnées , mal ordonnées. MANCHE MALTALE, veut dire mal taillée.

La Coste, en Poitou , portoit de gueules, à la manche mal taillée d'or.

MANTELE', est presque synonime de chappé ; la seule différence qui s'y trouve , consiste en ce que le mantelé couvre plus que le chappé , parce que la pointe qui naît des angles de la pointe de l'écu , finit au tiers vers le chef.

Chisi, à Rome, porte d'argent, mantelé de gueules.

Tome I.   N

MARINE', se dit de la piéce qui a la moitié du corps comme un poisson.

Niempscher, en Silesie, porte d'argent, coupé de gueules, à la licorne marinée sur le tout de l'un en l'autre.

MARQUETE', se dit des marques ou taches que l'on voit sur quelques animaux.

Nesle ancien portoit de gueules, à la panthere d'argent, marquetée de sable & non pas mouchetée.

MASSACRE, s'entend de la tête du cerf tué & abbatu.

Poulpry porte d'argent, au massacre de cerf de gueules.

MASSE; il y en a de deux sortes; l'une que les Bedeaux portent, l'autre une espèce d'arme dont on se servoit anciennement à la guerre.

De Gondi portoit d'or à deux masses d'armes de sable, posées en sautoir, tirées de gueules.

Brusse, aux Pays-bas, porte d'argent, à trois massues garnies de pointes de clous de gueules rangées en bande.

MEMBRE', se dit de la patte d'un oiseau séparée de son corps.

Buade Palvan porte d'azur, à trois membres d'oies d'or.

MEMBRE', se dit encore d'un oiseau dont les jambes sont d'un autre émail.

Tholon, en Dauphiné, porte de sinople, au cygne d'argent membré d'or.

MENU-VAIR, quand il y en a six tires.

Forteguerra, à Sienne, porte d'or, parti de menu-vair.

MI-PARTI, s'entend d'un écu qui est parti de deux armoiries, & lorsque dans chaque partie il n'y a que la moitié des figures, ou lorsque chaque partie contient autant de figures que l'autre.

Eringshausen, au pays de Hesse, porte mi-parti; le premier de gueules, à un aigle déployé d'argent, diadêmé d'or ; le deuxième à deux fasces de gueules.

MIRAILLE', s'entend des marques ou taches que les papillons ont sur leurs queues & aîles comme des miroirs.

MOLETTE, partie principale de l'éperon ; on la prend souvent pour l'éperon même ; elle est garnie de raies en façon d'étoiles, tantôt de cinq, tantôt de six ou de huit, mais elle est différente de l'étoile, en ce qu'elle est percée.

Lannos, en Bretagne, porte d'or, à une molette de gueules.

MONDE, est une espèce de boule que l'on met à la main de quelques Empereurs, surmonté d'une croix.

Saulas de la Montagne, porte d'or, à un monde de sable, croisé de gueules.

MONSTRUEUX, se dit des animaux qui ont quelque partie qui ne leur convient pas.

Kockrasch, en Silesie, porte d'or, au coq monstrueux, la tête & les pattes de sable.

MONTANT, se dit du croissant, lorsque les cornes tournent en haut.

Sautour porte de gueules, à trois croissans montans d'argent.

MORAILLES, ce sont des pièces de fer longues & crénelées qu'on ajuste au nez du cheval, & dont on se sert pour le rendre plus docile & s'en servir plus facilement dans le travail.

Girard, à Bourges, porte de gueules, à deux morailles d'or, liées d'argent, posées en chevron l'une sur l'autre.

MOUCHETURE d'hermine, se dit lorsqu'on en trouve dans un écu sans être semé.

Nota. Il faut alors exprimer le nombre.

Druays, fieur de Franclieu, porte d'argent, à une moucheture d'hermine.

MOUVANT, fe dit de ce qui naît ou fort d'un côté de l'écu.

Malabrancha, à Rome, porte de gueules, à une patte de lion d'argent, mouvant du flanc feneftre, & pofée en barre.

N

NAISSANT, fe dit de l'animal qui montre la tête, le col, les épaules & les deux pattes de devant.

Reupolt, en Mifnie, porte d'azur, au griffon d'argent naiffant fur azur.

NEBULE' : certains Auteurs le confondent avec enté, mais ils font différens. L'enté fe fait par des entures rondes, & le nébulé eft en façon de nuées, qui fe perdent les unes dans les autres.

NOUEUX, qui eft plein de nœuds, comme les troncs & branches d'arbres.

O

OMBRE', fe dit du foleil quand il n'a point de vifage.

Hurault porte d'or, à la croix d'azur, cantonnée de quatre ombres de foleil de gueules.

OMBRE', qui veut dire *ombragé*, pour faire paroître comme en relief, par le secours des ombres, une peinture plate.

Despaucts, en Languedoc, porte d'azur, à une chapelle d'argent sur une terrasse d'or, ombrée ou ombragée de sinople, au chef d'or, chargé de deux arbres de sinople.

ONDE', se dit des couleurs qui sont en façon de vagues & flots de la mer, qui s'entrechoquent les uns les autres par l'agitation des vents.

Mauvoisin Chevrieres porte d'or, à une face ondée de gueules.

ONGLE', se dit des ongles ou cornes qui sont aux pieds des bêtes à pied fourchu, comme l'on dit armé quand on parle des ongles & serres de l'aigle & des autres oiseaux de proye.

Beaumont, en Bretagne, porte d'argent, à trois pieds de biche onglés d'or.

OPPOSE', se dit lorsque sur une pièce coupée il y en a une qui regarde le chef, l'autre la pointe.

ORLE : l'orle est plus petite de la moitié que la bordure. La bordure touche l'écu, & l'orle en est éloignée de son épaisseur.

OLTELLE, est une figure à fantaisie. Quelques-uns disent qu'elle approche du fer d'une lance ; selon Scolpier, l'oltelle n'est autre chose que des amandes.

Cominges porte de gueules, à quatre oltelles d'argent en sautoir.

P

PAIRLE ; c'est une figure composée de trois cottices mouvantes de deux coins, du chef & de la pointe, en forme d'un *y*, s'éloignant au cœur de l'écu ; la piéce mouvante de la pointe est un peu plus longue que les deux autres. Quelques-uns tirent l'étimologie de pairle du *pallium* des Archevêques, que quelques Evêques ont aussi droit de porter , comme l'Evêque d'Autun, par une concession de Saint Grégoire le Grand : lorsqu'on a cru trouver l'étimologie de ce mot dans le *pallium* dont nous parlons, ce ne peut être que parce que la pairle a la figure d'un demi-*pallium*.

PALISSE', se dit de pieux aiguisés dont on se sert pour faire des palissades.

Haslang, en Baviere, porte palissé de gueules & d'or en fasce.

PAPELONNE'; on le représente en forme d'écailles couchées les unes sur les autres.

Nota. Le plein des écailles tient lieu de champ, & les bords tiennent lieu de piéces & d'ornemens.

Rauquerolles porte de gueules, papelonné d'argent.

P A M E', se dit de l'animal qui a la gueule béante, & est évanoui.

Saint-Sulpice Camberonde porte de gueules, au dauphin pâmé d'or.

P A T T E', se dit des piéces dont les branches s'élargissent en partant du cœur.

Priquilli, en Bretagne, porte d'azur, à la croix pattée d'argent.

P E A U T R E', se dit de la queue du poisson, lorsqu'elle est d'autre couleur que le corps.

P E N N E T O N, est la partie de la clef qui joue dans la serrure ; on ne l'exprime point quand la clef est dans sa situation ordinaire, c'est-à-dire en pal & le penneton à dextre.

Bremen, ville d'Allemagne, porte de gueules, à une clef d'argent en bande, le penneton en haut, l'anneau en lozange, pommetée d'argent.

P I E D C O U P E' & *pied nourri* sont synonimes ; on le dit de la fleur de lys quand il n'y a rien au dessous de ce qui

tient les trois fleurons dont cette fleur
est composée dans le Blason.

De Vignacourt porte d'argent, à trois
fleurs de lys de gueules, au pied nourri,
deux & une.

PIED FICHE', qui finit en pointe.

Piquet de Sautour porte d'argent, à un
pal, au pied fiché de sable, au chef d'a-
zur chargé de trois roses du champ.

PIGNON, se dit du pignon d'un
mur qui se termine en pointe par car-
reaux les uns sur les autres, à plusieurs
montans.

Hohenstein, en Allemagne, porte d'argent, à la fasce pignonnée de trois montans de sable.

PLAINE; c'est la pointe de l'écu
lorsqu'il est coupé en quarré, & que la
pointe qui est sous le quarré est d'autre
couleur ou métal.

Tuschen Hausen, en Suabe, porte d'argent, à une bande de gueules, à la
plaine de sinople.

POINTE *mouvante* du bas en haut
de l'écu, est une pointe plus étroite en
sa largeur que le chappé.

POINTE' FASCE', se dit lorsque
les pointes & les fasces sont en nombre
égal.

N v

Gattenbach, en Hesse, porte pointé, fascé d'argent & de gueules de six piéces.

POMME' ou *pommeté*, se dit des piéces garnies de petites boules.

Myran porte de gueules, au miroir rond, cerclé & pommeté d'or.

POSE', se dit des piéces posées en bande, en croix.

Valen, en Westphalie, porte d'or, à trois merlettes de sable, posées en fasce.

PROBOSCIDE; c'est la trompe de l'éléphant.

R

RAMES ou *rameures*; on le dit des cornes du cerf attachées à une partie du crâne, quelquefois on les met sans nombre.

Osterwolt, en Silesie, porte d'azur, à une ramure de cerf d'or.

RANCHIER; c'est le fer d'une faulx à faucher de l'herbe.

RANGE', se dit des figures rondes en fasce ou en bande.

RECOUPE', se dit d'un écu coupé, & le recoupé d'un écu encore coupé.

Franberg, en Baviere, porte coupé, parti, & recoupé d'argent sur gueules.

REDORTE, est une branche tortillée en figure d'anneaux , ou bien ce font des anneaux qui font les uns fur les autres.

Knippinek , au bas Rhin , porte d'or, parti de gueules , à une redorte de trois piéces de fable fur le tout.

REGARDANT, fe dit des animaux qui ne montrent que la tête & quelque petite partie du corps mouvant de quelque divifion de l'écu.

Servien porte d'azur , à trois bandes d'or , au chef d'argent , chargé d'un lion regardant de gueules.

REMPLI ; il fe dit pour diftinguer le rempli du chargé & du bordé.

Nota. Qu'il faut obferver la largeur dans les pièces honorables ; le bordé a la fixième partie tout autour ; le chargé a la moitié fur toute la longueur de la fafce ou autre pièce ; le rempli a le tiers , & eft entouré de la couleur de la piéce.

De Bonhein , en Flandres , porte d'or , au fautoir de gueules , rempli d'argent , accompagné en chef d'un aigle.

RENCONTRE, fe dit de toutes les têtes des animaux, lefquelles font repréfentées de front ; l'on en excepte les têtes de cerf, de léopard & de

lion ; les têtes des cerfs se disent *massacre* , celles des léopards , *défense* , celles
des lions de profil.

Riedeser , au pays de Hesse , porte
d'or , au rencontre d'âne de sable , mangeant un chardon de sinople.

RENVERSE' , se dit des pièces
qui sont sans dessus-dessous.

Czipianer , en Silesie , porte d'azur , à
la fasce d'argent chargée de quatre
feuilles de lierre de gueules , la premiere & la troisième renversée.

RESARCELE' , se représente avec
un filet d'autre émail sur une piéce.

Heimar porte d'or , à la croix resar-
celée de sable , chargée d'une fleur de
lys en cœur.

RESEAU ou *Rets* ; ce sont des filets
en forme de lozange.

Fouet , Seigneur de Dornes , porte
d'azur , à une bande d'argent , chargée
d'un rets de gueules.

RETRAIT , qui est retiré , & qui
ne montre qu'une partie de son tout
vers le chef.

Ruesdort , en Baviere , porte d'or , au
pal retrait d'argent.

ROC , se figure dans les armoiries
comme un pilier garni d'un ou deux

cordons, & de deux pointes recourbées
à son sommet.

Crechqueraul, en Bretagne, porte
d'argent, à trois rocs de gueules.

S

S A I L L A N T, se dit de la licorne
cabrée & élevée.

Potolski, en Silesie, porte de gueules,
à la licorne saillante de gueules.

S A U T A N T, se dit du bélier, de
la chevre & du bouc.

Schaffhauzen, Canton Suisse, porte
d'or, au bélier sautant de sable, accorné d'argent.

S F M E', se dit quand l'écu est rempli.

Leperier porte d'azur, semé de billettes
d'or.

S E N E S T R O C H E R E, se dit du
bras gauche.

Kundiger, en Misnie, porte de gueules, au senestrochere, la main ouverte,
d'argent, habillée de sable mise en
barre.

S I C A M O R, est un cerceau ou cercle lié comme celui d'un tonneau.

S O M M E', se dit de ce qui a quelque chose au dessus.

Apscher porte d'or à une tour de gueules, sommées de deux haches, adossées d'azur.

SUPPORTANT, se dit de la fasce, lorsqu'au chef de l'écu il y a quelque animal qui semble être supporté ou soutenu.

Nota. La différence qu'il y a entre supportant & chargé, consiste en ce que la fasce se dit chargée lorsqu'il y a quelque pièce dessus, ou plutôt au dedans d'elle-même ; & qu'au contraire lorsque la fasce supporte, la figure est dans le champ de l'écu.

Reib, au Rhin, porte de sable, au bâton d'argent, supportant un oiseau de même, cottoyé de deux étoiles à six raies d'or.

SUPPORTE', *soutenu*, se dit des armes qui ont trois ou quatre quartiers au haut de l'écu, & autant vers la pointe ; comme ceux qui sont au bas supportent les autres, on blasonne ceux d'en haut supportés ou soutenus.

Claude de la Magdelaine porte parti de deux, coupé d'un ; au premier du chef de la Magdeleine, parti de Damas, tiercé de Die, supporté d'argent, à trois lions de sinople, couronnés d'or, lampassés de gueules, parti de Bourgogne ancienne; le dernier de gueules, à trois bandes d'argent.

SUPPORTE', se dit encore quand le chef est de deux émaux, & que l'émail de la partie supérieure occupe les deux tiers.

Sabelli, à Rome, porte bandé d'or & de gueules de six piéces, au chef d'argent, soutenu de sinople, chargé de deux lions affrontés de gueules, tenans une rose de même, supportant un oiseau de gueules.

SURMONTE', se dit d'une piéce qui en a une au dessus d'elle.

T

TABLE D'ATTENTE, se dit des écus qui sont d'un seul émail, sans être remplis ni chargés d'aucune figure.

TERRASSE', s'entend d'un arbre ou d'une plante qui a la racine dans la terre.

TIERCES, doit s'entendre des fasces en devise, qui se mettent trois à trois, & ne sont comptées que pour une.

D'Ardres porte d'azur aux trois tierces d'or, au chef de même.

TIERCE', se dit de l'écu divisé en trois.

Nompar de Caumont, d'où étoit le Duc de Lauzun, porte tiercé en bande, d'or, de gueules & d'azur.

TIERCES-FEUILLES ; elles font différentes des trefles, en ce qu'elles n'ont point de queue.

De Prie porte de gueules, à trois tierces-feuilles d'or.

TIRE, se dit du vair, des échiquiers, &c.

TORTILLE', se dit du tortil que l'on met fur la tête des Maures, & qui ressemble au bourlet que l'on met fur le timbre.

Moreau porte d'argent, à trois têtes de Maure tortillées du champ.

TOURNE' ; on le dit des piéces qui remplissent l'écu, & font en bande ou en barre.

Brosike, en la Marche de Brandebourg, porte d'azur, à trois mortiers à bombe, tournés en bande d'or.

TOURTEAU ; il est de couleur.

La Salle, en Poitou, porte d'argent, à trois tourteaux d'azur posés en bande.

TOURTEAU-BESANT ; il est de couleur & de métal.

Nani, à Venise, porte tranché d'or & de gueules, au tourteau-besant fur le tout, tranché de l'un en l'autre.

TRABE, se dit du bâton qui supporte la banniere ou enseigne.

Chaumont porte de gueules, au dex-
trochere, armé d'argent, mouvant du
flanc senestre, portant une banniere semée de France, la trabe du second.

TRAISNE'E ; ce mot porte lui-
même sa signification.

Bruslart porte de gueules, à une
bande d'or chargée d'une traisnée de
sable, accompagnée de cinq barillets
de même.

TRANGLE, se dit de la sixiéme
partie de la fasce.

Duport, en Bugey, porte palé d'argent & d'azur de six piéces, à une
trangle de sable brochant sur le tout.

TRAVERSE, c'est une espèce de
filet ; on la met dans les armes des bâtards, de l'angle senestre du chef à l'angle dextre de la pointe.

Leonnet de Bourbon, Seigneur d'Au-
bigni, fils naturel de Jean de Bourbon,
Seigneur de Carenci, portoit d'azur,
à trois fleurs de lys d'or, à la traverse
de pourpre.

TREILLIS ; ils sont différens des

frettes, en ce que celles-ci ne font point clouées, au lieu que les treillis font fixés aux murs par des clous dans les endroits où les bâtons fe croifent.

Bardonenche porte d'argent, au treillis de gueules cloué d'or.

TRESCHEUR, eft une efpèce d'orle, qui n'a que la moitié dans fa largeur; il y en a des fimples, des doubles, des fleuronnés & contre-fleuronnés.

Bourdon de Beaulande porte d'or à un double trefcheur, fleuronné & contre-fleuronné de finople, au fautoir de gueules brochant fur le tout.

TRONC d'arbre montrant fes racines, fe dit arraché.

V

VANS ou *Vannettes* différent des coquilles, en ce que les coquilles montrent le deffus & ont des orillons, & que les vannettes montrent le creux.

Vannelat porte d'azur, à la vannette d'or.

VERGETTE, fe dit d'un pal retréci, qui n'a que la troifième partie de fa largeur.

Sublet de Noyers porte d'azur, au pal brétessé d'or, maçonné de sable, chargé d'une vergette de même.

V i l l e n e', se dit du lion qui a la verge d'autre émail que le corps ; l'on dit qu'il est sans vilainie, lorsqu'il ne montre pas sa verge.

Fin du premier Volume.

APPROBATION.

J'AI lu par ordre de Monseigneur le Chancelier, un Manuscrit qui a pour titre *Traité historique & moral du Blason*, & je n'y ai rien trouvé qui puisse en empêcher l'impression. A Paris, le 21 Janvier 1754.　　GUIROY.

PRIVILEGE DU ROI.

LOUIS, par la grace de Dieu, Roi de France & de Navarre, à nos amés & féaux Conseillers, les Gens tenans nos Cours de Parlement, Maîtres des Requêtes ordinaires de notre Hôtel, Grand Conseil, Prevôt de Paris, Baillifs, Sénéchaux, leurs Lieutenans Civils & autres nos Justiciers qu'il appartiendra, SALUT. Notre amé CHARLES-ANTOINE JOMBERT, Imprimeur à Paris, Nous a fait exposer qu'il désireroit faire imprimer & donner au Public des Ouvrages qui ont pour titre, *Dictionnaire des Théatres, par* M. de LERIS, Traité historique & moral du Blason ; *Observations sur les antiquités d'Herculanum, Nouveau Traité du Nivellement,* par M. le Fevre ; *Relation du siége de Grave ; Méthode pour apprendre le dessein*, avec fig. *l'Art de Peinture & Traité pratique de Peinture, & autres petits Ouvrages sur le même Art, par*

M. de Piles; *Secrets concernant les Arts &*
Métiers, avec le Teinturier parfait; s'il nous
plaisoit lui accorder nos Lettres de privilége
fur ce néceffaires. A CES CAUSES, voulant
favorablement traiter ledit Expofant, Nous lui
avons permis & permettons par ces Préfentes,
de faire imprimer lefdits Ouvrages autant de
fois que bon lui femblera, & de les vendre,
faire vendre & débiter par tout notre Royaume
pendant le tems de neuf années confécutives,
à compter du jour de la date des Préfentes.
Faifons défenfes à tous Imprimeurs, Libraires
& autres perfonnes, de quelque qualité &
condition qu'elles foient, d'en introduire
d'impreffion étrangere dans aucun lieu de
notre obéiffance; comme auffi d'imprimer,
ou faire imprimer, vendre, faire vendre, débiter ni contrefaire lefdits Ouvrages ni d'en
faire aucuns extraits, fous quelque prétexte que
ce puiffe être, fans la permiffion expreffe & par
écrit dudit Expofant ou de ceux qui auront droit
de lui, à peine de confifcation des Exemplaires
contrefaits, de fix mille livres d'amende contre
chacun des contrevenans, dont un tiers à Nous,
un tiers à l'Hôtel-Dieu de Paris, l'autre tiers
audit Expofant, ou à celui qui aura droit
de lui, & de tous dépens, dommages &
intérêts; à la charge que ces Préfentes feront enregiftrées tout au long fur le Regiftre
de la Communauté des Libraires & Imprimeurs
de Paris, dans trois mois de la date d'icelles;
que l'impreffion de ces Livres fera faite dans
notre Royaume & non ailleurs, en bon papier
& beaux caracteres, fuivant la feuille imprimée
& attachée pour modéle fous le contrefcel des

Préfentes ; que l'impétrant fe conformera en tout aux Réglemens de la Librairie, & notamment à celui du 10 Avril 1725 ; & qu'avant de les expofer en vente, les manufcrits ou imprimés qui auront fervi de copie à l'impreffion defdits Ouvrages, feront remis dans le même état où l'Approbation y aura été donnée, ès mains de notre très-cher & féal Chevalier Chancelier de France le Sieur DE LAMOIGNON ; & qu'il en fera enfuite remis deux Exemplaires de chacun dans notre Bibliothéque publique, un dans celle de notre Château du Louvre, & un dans celle de notre très-cher & féal Chevalier Chancelier le Sieur DE LAMOIGNON, & un dans celle de notre très-cher & féal Chevalier Garde des Sceaux de France le fieur DE MACHAULT, Commandeur de nos Ordres ; le tout à peine de nullité defdites Préfentes : du contenu defquelles vous mandons & enjoignons de faire joüir ledit Expofant ou fes ayans caufe pleinement & paifiblement, fans fouffrir qu'il leur foit fait aucun trouble ou empêchement. VOULONS que la copie defdites Préfentes, qui fera imprimée tout au long au commencement ou à la fin defdits Ouvrages, foit tenue pour duement fignifiée, & qu'aux copies collationnées par l'un de nos amés & féaux Confeillers-Secrétaires, foi foit ajoutée comme à l'original. Commandons au premier notre Huiffier ou Sergent fur ce requis, de faire pour l'exécution d'icelles tous actes requis & néceffaires, fans demander autre permiffion & nonobftant clameur de haro, Charte Normande & Lettres à ce contraires ; car tel eft notre plaifir. Donné à Verfailles le quatrième jour de Mars, l'an de grace mil fept cent cinquante-quatre, & de notre regne le trente-neuvième.

Par le Roi en fon Confeil,

P E R R I N.

Regiftré fur le regiftre XIII. de la Chambre Royale des Libraires & Imprimeurs de Paris, n°. 301, fol 340, conformément aux anciens Réglemens, confirmés par l'édit du 28 Février 1723. A Paris le 8 Mars 1754.

B. B R U N E T, Adjoint.